新闻学与传播学"十四五"规划教材·案例型系列教材

新媒体传播导论

吴炜华 / 著

中国传媒大学出版社
·北京·

目　录

Chapter 1

第一章　数字化的历史图谱

- 数字化的定义与特点
- 数字媒介的出现与演变
- 数字化的历史
- 数字化的意义与影响

第一节　数字化的定义与特点

一、数字化的界定

数字化是现代信息与传播技术最本质的特点之一。它意指传播过程中的信息流，如字符、数字，或文字、声音、图形、图像等，被转换成一系列的二进制编码，原始的模拟信号则被重组、加工、存储为计算机系统能读取的由 0 和 1 组成的信息，文字、图片、音频、视频和富媒体信息最终相互融合于数字格式中形成传播文本。数字化在计算机科学发展推动下，已经成为一种技术和文化标准。

延伸阅读

从词源上看，在英语中，可用 Digitizing 来呈现一种数字转化的过程，也可以用 Digitization 或 Digitalization 来形容转化之间及之后的表现状态。

当数字化的信息采集、整合、储存、输出和接收过程中的编码和解码环境均建立在规范统一的技术条件下，数字化的理想就为人类的传播实践创造出一种独特的、具有共识性的新型语言系统，并通过其完成传播行为，实现传播效果。伴随着数字化的发展，所有媒介化的信息都可以通过数字字节互相转化，这使得它们摆脱了与生俱来的传统传播模式的桎梏。

二、数字化的特点

我们来认真理解一下数字化的特点。在媒介与传播活动中，数字化呈现出以下几个特点：

（一）比特与字节

数字化的基础语言单位是比特和字节。比特（Binary Digit，缩写为 Bit），也被称为位元，代表了二进制数位中的一位，以 0 和 1 两种状态存在，是现代计算机科学和信息论中量度信息的最小单位。该术语由美国统计学家约翰·图克（John Tukey，1915—2000）最早提出，后来被正式使用于美国数学家香农的论文《通信的数学理论》（*A Mathematical Theory of Communication*）之中，用以形容资讯的数学构成模型。字节（Byte）也是基本的信息计量单位，一个字节代表 8 个比特。一个英文字母通常占用一个字节，一个汉字通常占用两个字节。

延伸阅读

美国数学家克劳德·香农（Claude Shannon）被称为“信息论之父”，他于 1948 年 10 月在《贝尔系统技术学报》上发表的论文《通信的数学理论》（*A Mathematical Theory of Communication*）每每被人视为现代信息论研究的开端之作。

（二）规范化与规律化

数字化标志着信息与传播技术的规范化与规律化。在二进制数字编码的矩阵中，信息采集、传播、接收表现出单一维度的共同特点。数字化的这一特征，是由计算机语言的全球规范化和工业化共同完成的。

（三）可复制性与共享性

数字化使得信息与资讯的可复制性与共享性成为现代传播行为中的一种日常状态。

“复制”成为当代文化与传播研究的关键概念之一，可追溯到前数字时代，瓦尔特·本雅明在《摄影小史》和《机械复制时代的艺术作品》中对摄影的出现进行的思考。本雅明认为以摄影（包括电影）为代表的“机械复制”将从根本上改变人类文化、艺术的表现方式与认知形态，他预言“机械复制”的手段终将消解古典艺术的崇高地位，将艺术从高雅的殿堂与“专业人士”的象牙塔中解放出来，从而成为大众的日常体验。可复制性与共享性虽是数字化操作的基本表现，但释放了数字文化的传播动力，使得大众积极地参与到数字生产与消费的日常行为中来。

机械复制（Mechanical Reproduction）机械复制摧毁了艺术作品“不可接近性”的“光环”（Aura），预示了全新的文化主体——大众——的诞生。艺术从此不再是个人所有及凝望之私有物，而成为大众共享之物。本雅明的机械复制指向了一个技术决定论的方向。

链接阅读：关于“机械复制”的思考。http://www.fx361.com/page/2016/1213/389481.shtml.

（四）以硬件作为内容构成，以程序与软件作为表现手段

在信息与传播技术日益发展的条件下，数字化通过计算机硬件完成内容的构成与储存，并借由软件来完成数字语言和程序指令的翻译、转换与界面化。这一技术的日渐精进，也引发了软件学研究的探讨与反思。

延伸阅读

软件学组织（The Software Studies Initiative）是在新媒体研究学者列夫·曼诺维奇（Lev Manovich）倡导下成立的一个独立的研究项目，在美国有两个实验室，分别由加州电信与信息技术研究所圣地亚哥分部和纽约城市大学研究生院管理运行，其任务是了解在数字化的信息与传播环境中，软件与程序所表征的“控制、通信、表现、模拟、分析、决策、记忆、视觉化、写作、互动”的技术文化权力。

软件学组织的实验与研究内容包括：

①关于现代社会中软件与网络设施及其配置和部署之人文、文化批判和社会科学的研究。

②运用以软件为基础的研究方法和下一代网络设施的工具与资源来展开的视觉文化数据研究，研究的目的是探询当下人文研究的重要理论问题。软件学研究试图从文化、媒介和传播学研究的视角来探讨“技术之人文性及话语性”的哲学外延。

链接：http://lab.softwarestudies.com.

界面文化（Interface Culture）史蒂夫·约翰逊在*Interface Culture：How New Technology Transforms the Way We Create and Communicate*一书中提出“界面文化”一词，以描绘人类文化、信息、知识传播及交往模式进入一个以数字界面为中介物的标志性时代。

（五）文化表现的界面化

数字化的物理属性及呈现方式的专业性，要求它必须借助程序来完成资讯传递的中介处理和翻译，这一特点使得数字化的信息与传播行为需要以界面的方式予以呈现。对于传统的遥控电视来说，遥控器就是其文化界面的操作手柄；对于智能手机而言，触摸屏就是其文化界面，具有操控、互动、连接等功能；对于计算机而言，视窗就是其文化界面。

数字化的理念与实践来自计算机科学启蒙所引发的动力。计算机科学的发展，使得“大众传播和远程通信内容的日渐数字化模糊了信息的传播和信息的处理之间在早些时候存在的差别，在人和机器之间同样如此。数字化使得从人到机器的信息传递、机器之间的信息传递，甚至从机器到人的信息传递比之人与人之间的信息传递还要容易。同时，各种信息类型之间的差异也越来越模糊，字母、单词、图片、声音，甚至味道、气味，或许还有感觉，某一天都能够以同样的数字格式被储存、处理和传播”①。

延伸阅读

数字化描述的是现代信息与传播技术发展中的一种状态或阶段，即数字技术对信息的转化与呈现。但媒介与文化学者却往往在其复杂的技术性界定中难以寻找到准确的语言，尤其是在对特定学科和特定产业的数字转型的趋势性介绍中，有时难以摆脱以“数字化解释数字化”的窠臼。如王家福在《数字城市化的广播电视网络》中如此解释数字化：数字化主要是指广播电影电视从节目采编、制作、存储、播出到节目传输、发射、接收等各个环节都在向数字化方向发展。余军涛、张跃的解释则更为技术本位，他们在《电视演播室数字化发展的最新趋势》一文中指出，数字化是指将模拟视、音频信号进行周期取样、量化、编码，形成只有0和1两种状态的比特流数字信号进行处理和记录。这些定义强调了数字化与传播产业变迁之间的关系，但并未将其语意的内涵，即广播电视采编及传播技术由模拟转向数字化进步，与这一概念的外延——计算机科学的全球性变革联系在一起。而在其他的专业中，如陈宏京、陈霜在《谈数字化博物馆》中将数字化诠释为“把信息用电磁介质按二进制编码方法加以储存和处理，把原先用纸张

① BENIGER J R. The control revolution：technology and economic origins of the information society ［M］. Harvard University Press，1986 .

或化学感光材料存储的实物藏品信息转变为用计算机存储和处理的信息”。此处所谈及的储存处理，也是数字化的技术力量对人类未来文明的发展与进化影响最深广的地方。

第二节 数字化的历史

数字化的发展为人类现代信息与传播历史增添了浓墨重彩的一笔。它的每一次变革都与计算机科学以及通信与信息科学的发展紧密关联，数字化的历史也是一部计算机科学的历史。

一、从差分机到图灵机

18 世纪初，工业革命和殖民扩张带来的人口迁徙、商业膨胀以及地理发现对大型数字运算及统计的需求日益迫切；法国数学界集全国之力，组织了无数的数学家在人工手算的流水线上苦算经年，完成了 17 卷《数学用表》的编制，但仍然谬误百出；而当时的许多航海表也因人工计算的问题而错误很多。当时英国剑桥的数学家查尔斯·巴贝奇（Charles Babbage）希望能制造出一部利用机械原理来完成计算的小型计算机——“差分机”（Difference Engine）。“差分”指的是，把函数表的复杂算式转化为差分运算，用简单的加法代替平方运算，快速编制不同函数的数学用表。

图 1-1 1990 年，巴贝奇差分机 2 号（Difference Engine No. 2）由英国政府资助制造完成，在伦敦科学博物馆展出

第一台差分机历时 10 年，于 1822 年完成，可处理 3 个 5 位数，计算精度达 6 位小数。但巴贝奇在此之后试图开发差分机二号却历经坎坷。巴贝奇于 1834 年完成了分析机（Analytical Engine）的设计，开现代大型自动化计算之先河，标志着人类文明在数字化历程中所探出的第一步。但由于当时种种条件的局限，如制造困难、资金缺乏，巴贝奇的设想最终只留下了 30 多种分析机原型和 2 000 多张图纸，被送往博物馆保存。巴贝奇的爱人、英国诗人拜伦之女艾达是巴贝奇差分机和分析机设计的助手和程序设计员，她虽英年早逝，但由于在数字编程上的奇思妙想，被计算机历史学家们称为第一位程序设计师，现代计算机程序设计语言 Ada 也因她而命名。

之后，瑞典人乔治·舒茨和爱德华·舒茨，在巴贝奇的理论上完善了差分机的设计，制造出一部原型机、两部商业机。之后，这两部机器被纽约阿尔巴尼气象台和伦敦户籍处购买以完成计算与数字图表的打印。

图 1-2　2014 年，根据安德鲁·霍奇斯所著《艾伦·图灵传》改编的电影《模仿游戏》由华纳电影公司发行，电影讲述了 20 世纪 40 年代艾伦·图灵参与英国军方破译德军密码的工作经历

差分机的设计与制造是现代媒介史上第一次通过机械的方式完成大型计算的尝试。巴贝奇试图以数字的方式理解地理、人文以及人类的行为互动，通过数字的自动化运算总结出准确而科学的知识传播的宏大图谱。虽然差分机与分析机的想象和实践都基于第二次工业革命的成就——以蒸汽机为动力、机械齿轮为运算手段，但它们已然预示了在未来的200年间人类在数字化历程中将经历的诸多可能，并为这些可能性提供了充满激情的理论基础。

1936年，英国数学家阿兰·图灵（Alan Turing）在其论文《论数字计算在决断难题中的应用》中，构想了影响深远的图灵机（Turing Machine）模型。“图灵机”并不是一台真实的机器，而是一种虚拟的数学运算的通用模型，以模仿机器代替人类进行数学运算的过程。图灵机由一条无限长、由许多格子组成的纸带组成，格中有一条线的，代表“1”，空白格则指代“0”，该纸带每移动一次，格中的数字就会进行一次“0”与“1”的变化，这些移动和变化代表了某个特定数学运算的步骤；图灵机也借助该运算带进行信息读写。图灵机被公认为现代计算机的原型，为现代计算机的逻辑工作方式奠定了基础。阿兰·图灵也被世界公认为计算机逻辑奠基者、“计算机科学之父”和“人工智能之父”。

1941年5月12日，德国工程师康拉德·楚泽（Konrad Zuse）制造出基于图灵机模型的通用计算机“Z3”，这是第一部具备自动二进制数学计算和编程功能的机械和电子一体机。

图1-3 慕尼黑德意志博物馆中的Z3计算机

延伸阅读

在第二次世界大战（以下简称“二战”）后期，英国政府集全国之力研发出“巨像计算机”（Colossus）。巨像计算机被传言为世界上第一台具有编程功能的电子数字计算机。巨像原型机1号（Mark 1）于1944年2月5日在布莱奇利公园投入使用；升级版2号（Mark 2）在1944年6月1日诺曼底登陆之时开始使用。据称，英国政府共制造了10台巨像计算机，一直使用至二战胜利。

二战结束后，巨像计算机因温斯顿·丘吉尔的销毁命令而成为历史之谜。由于资料来源互相矛盾，科技及军事史学家们都对其难下断言。英国学者温德博瑟姆的《超级机密》，法国专家贝特兰德的《爱尼格玛——1939年到1945年这场战争里最大的谜》都试图对其解密；美国军事史学家多伊奇曾于1970年前往英国外交部试图获得一些资料，但只得到一句回复："2015年，相关文件方能解密。"

从差分机的设计到图灵机的模型构想，意味着人类在数字化历程中最具革命性的理念飞跃，也象征着早期的机械计算机向现代电子计算机发展的重要转折。

二、从巨型机到个人电脑

1942年，爱荷华州立大学的约翰·文森特·阿塔纳索夫（John Vincent Atanasoff）和研究生克利福特·贝瑞（Clifford Berry）历时5年设计制造的阿塔纳索夫一贝瑞计算机成功完成测试。该部机器被人们称为ABC，它运用了现代计算机技术中最重要的四个基础概念，被公认为世界上第一部电子计算机。ABC的出现，是信息与传播技术从模拟向数字转变最具有革命性的一个坐标。

1946年2月14日，在美国军械部拨款支持下，世界上第一台电子数字计算机埃尼阿克（ENIAC）"电子数值积分和计算机"（The Electronic Numerical Integrator and Calculator）问世，它由美国宾夕法尼亚大学莫尔学院的莫尔小组研制完成。与此同时，受美国海军的委托，麻省理工学院开发出"旋风工程"以制造一款可以控制飞行模拟器的计算机，在旋风工程的研发过程中，磁芯储存装置被发明了，这一发明为40年后个人电脑时代的来临作出了历史性贡献。

延伸阅读

1945年6月，美国籍犹太人数学家约翰·冯·诺伊曼与ENIAC计划安全官赫尔曼·戈德斯坦等人，联名发表了一篇长达101页的报告草案，这就是计算机历史上著名的"101页报告"，也被称为"第一份草案"（First Draft of a Report on the EDVAC），该报告是现代计算机科学发展里程碑式的文献。文中明确规定用二进制替代十进制运算，并将计算机分成五大组件，该设想为电子计算机的逻辑结构设计奠定了基础，并成为未来计算机设计的基本原则。

另一个重要却颇具争议的地方，是该报告中包含了第一次公诸于世的冯·诺伊曼型架构（Von Neumann Model）或普林斯顿结构（Princeton Architecture），因为该结构中隐含着将存储设备与中央处理器分开的概念，所以，之后在冯·诺伊曼型架构上设计出的计算机都被称为存储程序型计算机。

1949年英国剑桥大学使用冯·诺伊曼的构想制造的EDSAC（Electronic Delay Storage Automatic Calculator），是第一部存储程序型计算机。

图 1-4 "埃尼阿克"(ENIAC)耗资 45 万美元，历时三年完成。它由 17 468 个电子管、6 万个电阻器、1 万个电容器和 6 千个开关组成，重达 30 吨，占地 160 平方米，需要用一间 30 多米长的大房间才能存放。由于"埃尼阿克"程序采用外部插入式，每一次新运算都需要重新接驳线路，耗时耗工，几分钟的运算需要几小时或几天的人工线路接驳；"埃尼阿克"的存储空间也很小，只能存下 20 个 10 位的十进制数。虽然缺点明显，但"埃尼阿克"仍然标志着计算机正式进入数字的时代。英国无线电工程师协会的蒙巴顿将军把"埃尼阿克"的出现誉为"诞生了一个电子的大脑"(Giant Brain)，"电脑"之名也因此流传

1954 年，美国贝尔实验室成功研制出第一台使用晶体管线路的计算机，取名"催迪克"(TRADIC)。1961 年，世界上最大的晶体管电子计算机 ATLAS 安装完毕，标志着第二代电子计算机设计和制造技术的成熟。1964 年，中国也自主研发出第一台全晶体管电子计算机 441—B 型。第二代计算机不仅具有体积小、重量轻、寿命长、速率快、耗电少和成本低的商业和使用价值，它的可靠性和以磁芯存储功能也相对比较强，更发展出 FORTRAN、COBOL 等高级程式语言。

第三代计算机的正式登场在 10 年之后，1964 年 4 月 7 日，IBM 主设计师吉恩·阿姆达尔(Gene Amdahl)用集成电路制造出的 IBM360 计算机问世，并带来了基于集成电路技术的光学扫描器、磁性墨水阅读机、超高速超容量磁盘机的研发成功。小型计算机系统应运而生，计算机从巨型机向微型机的转换终于迈出了成功的一步，计算机的微处理技术即将来临，PC 机的发明与应用已在转角。

1970 年之后，由于超大型集成电路的发明和使用，计算机不断向着小型化、微型化、低功耗、智能化、系统化的方向发展，第四代计算机进入了商业和大众的视野。1975 年，计算机设计师克雷在克雷研究（Cray Research，Inc.）发布了基于大规模集成电路技术的“克雷一号”（Cray—1），这是第四代计算机的先声之作。得益于大规模集成电路技术的不断提升，第四代计算机不断向小型化、微型化、低功耗和系统化的方向发展。

1974 年 12 月，美国工程师和医生亨利·爱德华·罗伯茨（Henry Edward Roberts）通过微型仪器与自动测量系统公司（MITS）推出了牛郎星 8800 型（Altair 8800）计算机，这是世界上第一台装配有微处理器的计算机，标志着个人计算机正式登上历史舞台。

图 1-5　Altair 8800 被刊登在 1975 年 1 月的《大众电子》杂志的封面上并获得了推介，无数人涌入 MITS 公司抢购，当时 Altair 8800 售价 375 美元，1KB 存储，结构简陋，并不是一台完整的计算机，用户得自己动手组装，但它仍不失为世界上第一台微型计算机。1975 年 3 月 2 日，比尔·盖茨和保罗·艾伦发布了第一款基于 Altair 8800 的 BASIC 编译程序

1975 年 7 月，比尔·盖茨（Bill Gates）在成功为牛郎星配上了 BASIC 语言之后从哈佛大学退学，与好友保罗·艾伦（Paul Allen）一同创办了微软公司，并为公司制定了奋斗目标：“每一个家庭每一张桌上都有一部微型计算机运行着微软的程序！”

1984 年 1 月 24 日，苹果公司划时代的 Macintosh 计算机面世。1995 年 8 月 24 日，微软公司正式向全世界推出了革命性的 Windows95 操作系统。苹果和微软所研发出的图形界面的操作系统和多媒体处理功能宣布了一个个人计算机全新时代的来临。

图 1-6 1984 年 1 月 24 日，苹果公司麦金塔（Macintosh）计算机面世

延伸阅读：乔布斯影像库

链接：http://everystevejobsvideo.com.

该网站收集了苹果公司创始人乔布斯以及苹果电脑研发历史中大量的图片和视频资料。

延伸阅读：Windows 95

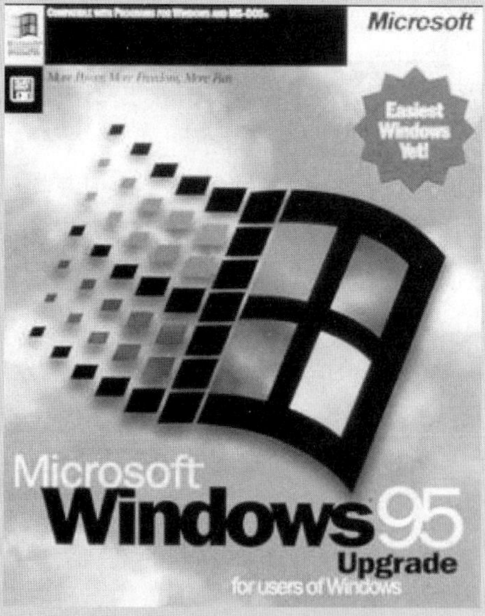

Windows 95 是美国微软公司于 1995 年 8 月 24 日发行的一个计算机操作系统。它具有更强大、更稳定、更实用的桌面图形用户界面（Graphical User Interface，GUI），

同时也使得微软公司以强势结束了市场上桌面操作系统之间的竞争，成为有史以来最成功的操作系统之一。

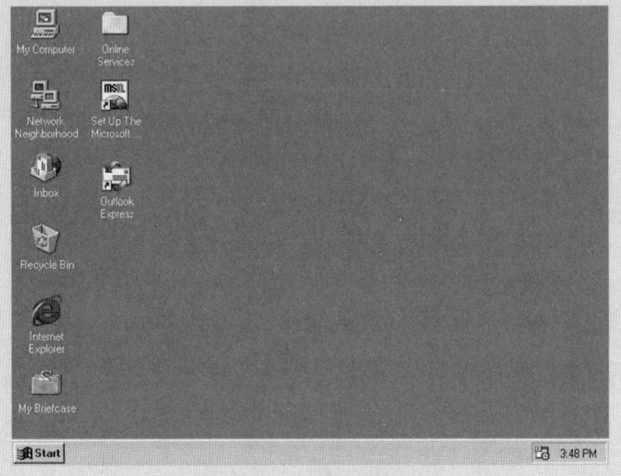

图 Windows 95 的视窗

图形用户界面的使用友好性和多媒体处理能力使得个人电脑成为一个跨媒体终端，图形用户界面的文化与技术研究也逐渐被大众所知。

超级计算机
超级计算机是计算机中功能最强、运算速度最快、存储容量最大的一类计算机，多用于国家高科技领域和尖端技术研究。

在个人电脑飞速普及的趋势中，运用于高科技和尖端技术领域的超级计算机也在迅猛发展。超级计算机的名称源于 1929 年《纽约世界报》的一篇报道《IBM 为哥伦比亚大学建造大型报表机（Tabulator)》中提到的"超级计算"（Supercomputing)。超级计算机是一种具有强大计算、储藏和高速数据处理能力的计算机，一般均会配以多种外部设备及高能软件系统。自 1976 年美国克雷公司推出世界上首台运算速度达每秒 2.5 亿次的超级计算机以来，世界各国的超级计算中心纷纷成立，超级计算也被广泛应用于天气预报、生命科学的基因分析、核能、军事、航天等领域。2015 年，美国政府对中国超算中心使用的英特尔"至强"服务器芯片实施禁运阻击，这一被认为意在"精确拦截"中国超级计算机发展的举动，却从此推动了中国自主研发的超级计算"中国芯"的发展。在近年全球超级计算机 500 强的竞赛榜上，中国超级计算机"神威·太湖之光"和"天河二号"屡次打败其他国家的竞争者，中国的超级计算能力已领先时代同侪。

从巨型机到微型机到个人电脑，乃至超级计算机，不过短短 40 年。期间，人类历史上最翻天覆地的数字科技革命以加速度的形式在发展。在计算机日益更新换代的同时，数字影像、排版、编辑、文字处理以及多媒体技术也在试验、应用和普及中从实验室走向大众。

在这场颠覆性的数字革新浪潮中，我们可以清晰地看到，数字化并不是简单的资讯处理形式的转化，也并非是将模拟信号改写为二进制比特的一种手段，而是一种基于现代计算机技术的社会实践与文化形态的科技哲学的组成部分。它创造出崭新的语言与逻辑系统，建构出可以无限拓展的记忆体与存储器，改写了文化书写和表现的基础模式；更深远的影响是，数字化在机械理性的逻辑框架中，试图重写人类的思维方式和社会的运行方式，并成功地改变了媒介文化的物理属性，连锁性地引起了“网络”“虚拟”和“游戏”等新媒体理念领域的变革。

三、 数字化的浪潮与实践

从历史演进的规律和媒介工业发展的视域来探寻数字化的轨迹，我们可以清晰地发现数字化呈现出以下三轨的发展潮流和演化路径：

（一） 计算机革命

数字化的浪潮在20世纪下半叶随着计算机科学的蓬勃发展而达到高峰，恰如查利·吉尔（Charlie Gere）在《数字文化》一书中所暗示的，自阿兰·图灵以来，计算机科学的理想是将世界与人类的生命历程以二进制的语言记录为数字矩阵，形成全新的“0与1”的文化帝国。数字化的第一波发展的核心目的是“非数字”的“数字化”，也就是将“非数字”的资讯、信息等传播文本转化成“数字文本”，并改变或颠覆媒介工业的传统结构和运行方式。这一次浪潮的形态与影响，自20世纪90年代起逐渐扩展到媒介生态的方方面面。但它并不是巨浪袭人，并未带来一种摧毁性的力量，而是以一种缓慢、逐渐推进的方法进入出版、广播电视、电影、摄影等媒介生产的实践领域。这一特点，我们可以从中国本土计算机研发历史和汉字激光照排的案例中得以了解。

汉字激光照排系统的广泛使用，改变了中国传统出版行业的工作模式和技术环境，但并未从根本上动摇或颠覆该行业自始以来的编辑室样态、运营和销售模式。这是一则非常典型的第一波数字化浪潮的案例，汉字激光照排系统温和渐进地以“数字化”的工作方式部分地改变“模拟化”的媒介生产流程。类似情形，我们也可以从数字录影带、CD、DVD等硬件载体与影音文本的关系中窥得一斑。

（二） 多媒体融合的趋势

数字化的第二波浪潮开始于数据、设备、网络以及信息服务与内容生产的最终决裂与独立，新的媒介生产、传输、复制、分享和市场模型在浪潮中逐渐形成。在“非数字”时代被紧密捆绑、以线性的“生产—传播—接收”方式存在的黄金组合分崩离析；书与杂志仅能以纸质书与纸质杂志的形态被生产、邮递、销售和被阅读的模式被打破了，广播电视仅能通过无线电、天线、有线传输，以收音机和电视机为收听与观看中介的模式也在消失，单向度、自上而下的信息传播方式渐渐失去了魅力，数字化形成

中国计算机的发展　自103型通用数字电子计算机在北京诞生之日起，从晶体管大型机到1977年第一台微型计算机DJS－050机，中国计算机的研发和应用都带有鲜明的本土特点和军工型专业目的，在个人电脑化和商业化上都未见佳绩。中国计算机的全民普及与热潮，得益于1984年邓小平在参观上海市展览馆举办的十年科技成果展时的一句点评：计算机的普及要从娃娃抓起。

汉字激光照排　激光照排技术，就是将文字通过计算机分解为点阵，然后控制激光在感光底片上扫描，用曝光点的点阵组成文字和图像。1979年7月27日，在北大汉字信息处理技术研究室的计算机房里，王选教授与相关科研人员用华光激光照排系统，一次成版地输出了一张由各种大小字体组成、版面布局复杂的八开报纸样纸，报头是“汉字信息处理”六个大字。这就是中

了一个全新的多媒体融合的空间——文字、图片、影音文本（如书、报纸杂志、广播电视、电影、个人日记、日常生活快照）自由地移动和穿越在多种数字的收录、编辑、传输、储存及接收设备上，而不像其模拟时代的前辈们受到各种技术和文化的局限。

（三）智能化创新的趋势

数字化的第三波浪潮在网络和移动技术的深度应用下显现，大数据和云储存服务极大地拓展了媒介产品创新与公共服务的维度，数字化带来了个人化传播与智能化媒介生产的趋势。近年来，由智能化创新理念推动的算法分发成为搜索引擎、资讯客户端、网络视听新媒体等新媒体产品的发展趋势。

智能化（Intellectualization）是在现代通信与信息技术、新媒体应用和控制论视野下交叉形成的，伴随着对计算机深度学习所延伸的能力应用与媒介化体现。有学者将人工智能、机器学习与深度学习比喻成三个层度的“俄罗斯套娃”，以描绘计算机智能化发展的轨迹。在此轨迹中，计算机“感知一记忆一思维”的过程被标识为“智慧”，“行为一语言”的表达被标识为“能力”，两者合称“智能”。感知能力、记忆思维能力、学习与自适应能力以及行为决策能力组成了智能化的四个方面。

学者们以“人工智能”为代表描绘“智能化创新”的当下实践与应用前景：

智能化创新已经渗透到生活的方方面面，包括作为人类社会最重要特征之一的信息交流，它相当于信息数字化时代的造纸术和印刷术，智能化地连接人与信息。它意味着时间，里约奥运会首次亮相的人工智能记者小明撰写一篇报道只需要 2 秒，不仅速度飞快，文章可读性也能媲美专业记者。智能化创新意味着分享，条件聚焦神经问答法把复杂问题转化为简单问题；也意味着乐趣，各种紧跟潮流的滤镜、脸部识别技术、实时视频抠图都让用户在交互过程中获得无限乐趣；更意味着创作，改编歌曲这种需要艺术审美的行为再也不是人类专属。……总而言之，智能化创新正在重新定义新一代信息内容平台，并且推动信息平台全面进化。

国第一份用激光照排机输出的中文报纸版面。1987 年，《经济日报》成为我国第一家试用华光系统的报纸，1988 年，经济日报社印刷厂卖掉了全部铅字设备，成为世界上第一家彻底废除了中文铅字的印刷厂。1993 年，这套国产照排系统迅速占领了国内报业 99%和书刊（黑白）出版业 90%的市场，以及 80%的海外华文报业市场，并打入日本和韩国。20 世纪末，全国的报纸和出版全部实现激光照排，中国的铅字印刷成为历史。（参见科技中国：中国重大科技成果——汉字激光照排系统）

链接：科技百科：全球最大的互联网博物馆。http://www.techcn.com.cn.

推荐引擎 美国媒体影视播放服务商 Netflix 推荐引擎的核心，叫做“协同过滤（CF）”。这种算法把过去沉积下来的成千上万的用户点评数据，转化为对每一位观影人的“口味偏好”、每一部电影“特征

延伸阅读

在智能化创新的趋势中，异军突起的《今日头条》是较为突出的一个案例。通过算法分发，《今日头条》与 BAT 已占领中国互联网 77%的流量。2017 年，人民网三评算法推荐，标题分别为《不能让算法决定内容》《别被算法困在“信息茧房”》《警惕算法走向创新的反面》，以揭示智能化创新的粗放型发展带来的信息封闭、知识鸿沟等问题。

属性”的记忆，通过智能猜测来为观影人匹配最佳的“推荐列表”。推荐引擎在默默地记录和观察观影人的行为，再借由海量数据和云计算来归纳其行为规律，进而了解观影人的需求和习惯，并无声无息地协助观影人进行观看行为的决定。相似案例如淘宝推荐、亚马逊推荐等。

链接阅读

人民网一评算法推荐：不能让算法决定内容。http://opinion.people.com.cn/n1/2017/0918/c1003-29540709.html.

人民网二评算法推荐：别被算法困在“信息茧房”。http://opinion.people.com.cn/n1/2017/0919/c1003-29544724.html.

人民网三评算法推荐：警惕算法走向创新的反面。http://opinion.people.com.cn/n1/2017/0920/c1003-29545718.html.

第三节　数字媒介的出现与演变

数字媒介指基于计算机和网络技术编码和创建，并能保存于本地设备（如CD、MP3、或硬盘）以及远程网络中的文字、图片、音频及视频等，包括计算机程序和软件、网页、数据和数据库、视音频、电子书等。与数字媒介相对的，是实体书、报纸、杂志等平面媒体，以及图片、胶片、录音带等模拟媒介。

一、数字出版

数字出版是指利用数字技术进行内容编辑加工，并通过网络传播数字内容产品的一种新型出版方式。数字出版的主要特征为内容生产数字化、管理过程数字化、产品形态数字化和传播渠道网络化。目前数字出版产品形态主要包括电子图书、数字报纸、数字期刊、网络原创文学、网络教育出版物、网络地图、数字音乐、网络动漫、网络游戏、数据库出版物、手机出版物（彩信、彩铃、手机报纸、手机期刊、手机小说、手机游戏）等。数字出版产品的传播途径主要包括有线互联网、无线通讯网和卫星网络等。由于其海量存储、搜索便捷、传输快速、成本低廉、互动性强、环保低碳等特点，数字出版已经成为新闻出版业的战略性新兴产业和出版业发展的主要方向。①

数字出版　数字出版是指利用数字技术进行内容编辑加工，并通过网络传播数字内容产品的一种新型出版方式。

数字出版的第一次试验可回溯到1971年7月1日，美国伊利诺伊大学的学生迈克尔·哈特使用Xerox Sigma V大型计算机将《美国独立宣言》数字化之后上传网络，这一举动，标志着数字出版先锋“古登堡计划”的正式开始。

① 新闻出版总署．关于加快我国数字出版产业发展的若干意见［A］．索引号00A01-00000-2012-00599．2010-08-24.

延伸阅读

古登堡计划（Project Gutenberg，PG）是由世界各地的志愿者参与，以文化作品的电子化和数字化归档为目的，鼓励创作和发行电子书的公益项目。古登堡计划所收录的大部分书籍来源于公共版权的纸质原本，古登堡计划希望通过自由传播和自由档案的模式，方便世界各地的读者自由阅读和下载。截至2020年，古登堡计划已收录约60 000本免费的电子书籍。

链接：http://www. gutenberg. org.

1982年，光盘只读存取CD-ROM的工业标准在索尼、菲利普和微软三家公司的协商下逐渐成型，标志着一种新型的可由计算机读取的数据存储形式的出现。某些期刊，如美国的《国家地理》立即就开始尝试在杂志零售版中加入CD-ROM光盘，来吸引那些有电脑的读者群购买。当时仅有极少的人可以接触到互联网，CD-ROM也因此成为一种非常便捷的文本数据存储和读取方式。CD-ROM作为一种附属性的数字出版方式，在2000年之后被引入中国，引发了一波电子音像出版的潮流。但整体上看，由于编辑、设计理念的落后，这种数字出版方式的市场效果并不见好。

延伸阅读：CD-ROM

CD-ROM由碳酸脂制成，外形是一个带有直径15mm的中心孔洞的圆盘。盘基布满螺旋状物理磁道，其内部紧密排列着无数被蚀刻的“凹陷轨道”。数据信息就是由“轨道”和“磁道”存储。CD-ROM是一种只读光存储介质，直径120mm（4.72英寸）、厚1.2mm（0.047英寸）的CD-ROM单面盘，可保存74—80分钟的高保真音频，或682MB（74分钟）—737MB（80分钟）的数据信息。一张标准的120mm的CD-ROM盘片能容纳约700部10万字长度的英文小说。CD-ROM与CD光盘外形相同，但CD-ROM存储的是数据而不是音频。

1998年，国际市场上出现了便携式电子书阅读器Rocket eBook和Cybook；个人掌上型电脑PDA（Personal Digital Assistants），如“Palm Pilot”和苹果公司的牛顿PDA，已经开始具有21世纪轻薄型电子书阅读器的特点。但受限于价格的昂贵、本身设计的缺陷、操作系统的复杂，以及整体数字出版内容供应的薄弱，这些早期的电子书阅读器或PDA的市场并不是很大，未对出版市场形成冲击性影响。如Rocket eBook，重627克，4MB闪存，储存量为3 200页的电子书，通过串口和红外口跟电脑通信；Softbook则重达1.3千克，2MB内存，仅能容纳15页电子书，售价为599.95美金。

图 1-7　1998 年面世的 Softbook 重达 1.3 公斤，2MB 内存，仅能容纳 15 页电子书，售价为 599.95 美金

延伸阅读

数字出版有各种名称，中国在 20 世纪 90 年代后期将其称为电子出版，数字出版也被称为网络出版、虚拟出版、E-book 出版等。1997 年，数字出版趋势初露端倪，原国家新闻出版总署以"电子出版物"命名此类出版模式，并在《电子出版物管理规定》中对其作出如下界定：

电子出版物，是指以数字代码方式将图文声像等信息编辑加工后存储在磁、光、电介质上，通过计算机或者具有类似功能的设备读取使用，用以表达思想、普及知识和积累文化，并可复制发行的大众传播媒体。媒体形态包括软磁盘（FD）、只读光盘（CD-ROM）、交互式光盘（CD-I）、照片光盘（Photo-CD）、高密度只读光盘（DVD-ROM）、集成电路卡（ICCard）等。

此后，在个人电脑普及和互联网技术的影响下，数字出版的潮流逐渐形成。21 世纪的最初 10 年，是电子阅读器抢占数字出版市场的 10 年。美国网络零售商亚马逊发行 Kindle，实体书店巴诺书店发行 NOOK 阅读器，中国发行汉王阅读器、掌阅、京东等。2010 年之后，伴随着中国本土网络文学出版的热潮和移动通信的升级，大量的网络文学网站，如晋江文学、豆瓣、起点中文、纵横中文等纷纷开发网络出版和移动发行模式，通过手机与平板电脑进行内容销售；苹果 iBook 和谷歌的 Books by Google Play 也纷纷进入市场。

在学术数字出版领域，得益于 Adobe Reader 阅读软件的强大功能支持，2000 年前后，大多数的国际学术出版集团都开始致力于学术领域的期刊和文献数据化的工程，形成了一股全球性知识数据库建设的潮流。“中国知网”和“万方数据”是中国本土两个非常成功的案例。

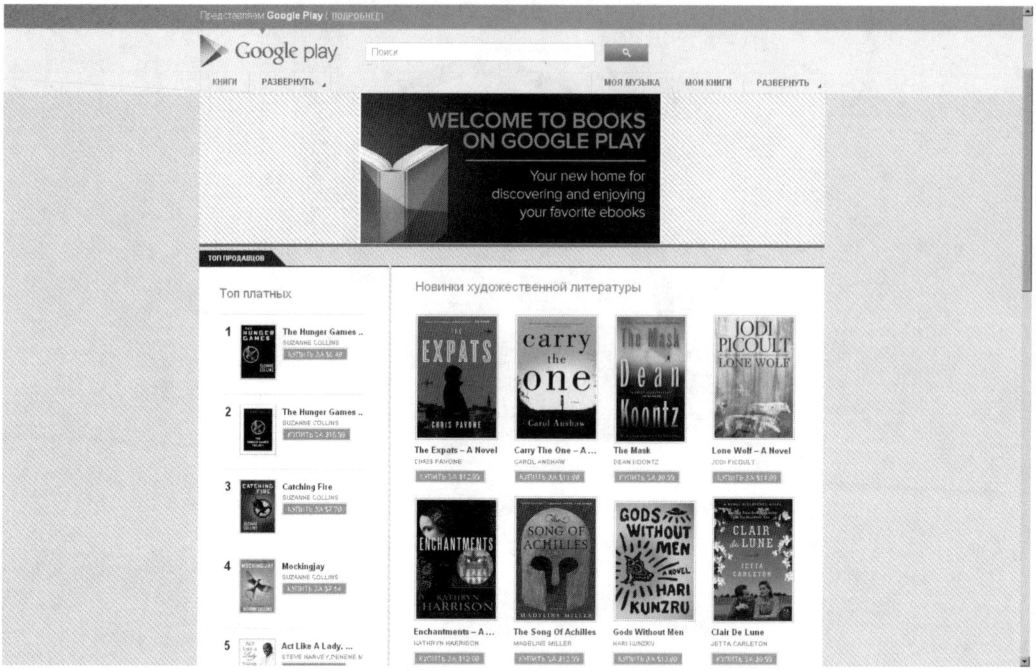

图 1－8　Books by Google Play

二、 数字音乐

20 世纪 70 年代后期，随着数字音频技术的成熟，音乐工业开始逐渐引进最新的数字收音、编辑和刻录技术，各大电子公司的技术人员也都争抢将音乐数字化存储的第一地位。最早的数字音乐存储产品就是大家熟知的数字式卡式磁带，采用线性的记录方式将数据以数字形式保存下来。1977 年，索尼公司把模/数和数/模转换器加到其 Betamax 录像机上用来录音。

1982 年 10 月 1 日，索尼在日本发布了世界上第一部商用光盘播放器 CDP-101，从此揭开了数字音频革命的序幕。CD 的出现快速地推动了音乐的数字化储存方式和数字唱片工业的发展——直至 1998 年，韩国世韩公司（SEAHAN）和美国帝盟公司（Dialnond）于同年推出了两款 MP3 播放器，数字音乐也由此进入了另一个新时代。在之后的 3 年间，世界各大音乐和电子公司，如索尼、三星等都极力开发 MP3 产品。

2001 年，数字音乐的革命性变革终于来临。是年，美国苹果公司推出 iPod。两年之后的 2003 年，苹果公司推出了 iTunes，为数字音乐用户提供在线试听、音乐购买等服务，也从根本上解决了困扰音乐公司的数字音乐盗版和在线销售问题。

苹果公司的 iTunes 和 iPod 捆绑式运作，代表了数字音乐从简单的数字化转录和数字化存储进入了数字媒介化时代，数字音乐的网络自由分享即将消失，音乐作为数字化时代的一种文化产品，正在寻找一种全新的运营、销售、推广模式，以飨新一代的音乐用户。在网络和移动媒介进一步普及的浪潮下，数字音乐的网络化销售和收听模式正在经历着巨大的改变。以中国数字音乐市场为例，各种音乐客户端，如百度音乐、QQ音乐、豆瓣FM、虾米、多看、酷我等等，逐渐开始浮现；而移动媒介领域的手机彩铃等也较为活跃地拓展了数字音乐市场。2020年，全球录制音乐总收入达216亿美元，其中数字化音乐流媒体业务是全球音乐产业增长的主要推动力，尤其是付费订阅流媒体，收入增长达18.5%。流媒体订阅增长，也让全球录制音乐收入连续六年实现增长。截至2020年年底，付费订阅用户数达到4.43亿。数字流媒体音乐总收入（包括付费订阅和广告支持）增长19.9%，达到134亿美元，占全球录制音乐总收入的62.1%。

图1-9　iTUNES的数字音乐商店

三、 数字广播

自1906年圣诞前夜世界上第一个广播节目诞生以来，广播得到不断发展，数字广播已经成为其中重要的组成部分。数字广播是指将包括音频、视频在内的各种数据信号数字化之后，对它们进行数字状态下的编码、调制、传递等处理，再通过地面发射站发射数字信号，来达到广播以及数据资讯传输的目的。简单地说，数字广播就是广播电台所播出的节目从制作、播出、传输、发送以至接收，都是以数字信号的形式出现。数字广播是数字新媒体技术应用中系统性最强、受众面最广、技术最复杂的领域，也是数字技术介入较早的领域之一。按传输形式，数字广播可分为地面数字广播、卫星数字广播、网络数字广播三类，其中地面数字广播又分为三种系统，即数字音频广播DAB（Digital Audio Broadcasting）、数字多媒体广播DMB（Digital Multimedia Broadcasting）以及世界数字广播DRM（Digital Radio Mondiale）。

广播开始数字化的标志是20世纪60年代德国数字音频广播的起步。1988年9月，欧共体在世界无线电行政大会上首次进行了尤里卡 147-DAB 的试验。1994 年，Eureka-147 标准被国际电信联盟（ITU）确认为国际标准。现在世界上有近 30 个国家和地区开播或试验播出数字音频广播节目，全球约有 3.3 亿人在收听数字音频广播。除此之外，美国的带内同频（IBOC）DAB 制式和日本的单套节目 DAB 方案也是两类节省频率资源的数字音频广播系统。

1996 年，法国开始研究世界数字广播系统，2003 年几十家广播机构对 DRM 系统进行了试验，运行效果良好。ITU 已经将 DRM 技术作为全球短波频段数字声音广播的制式，此系统无专利，鼓励全世界都使用。日益成熟的数字调幅广播将逐渐取代模拟调幅广播。

目前，数字广播已经进入了数字多媒体广播的时代，数字多媒体广播是在 DAB 基础上发展起来的，能同时传送多套声音节目、数据业务和活动图像节目。DMB 在逐渐取代调频（FM）和调幅（AM）广播，受众通过手机、电脑、便携式接收终端、车载接收终端等多种接收装置，就可以收看到丰富多彩的数字多媒体节目。

图 1－10　常见的数字音频广播接收机

图 1－11　车载 DMB 接收终端

20世纪80年代末，数字卫星广播（DSR）率先在欧洲得到发展，这种利用卫星来传送数字声音信号的广播随后又出现两种模式：欧洲的阿斯特拉（ASTRA）数字卫星广播系统和美国世广卫星广播公司（World Space）的全球数字声音广播系统。国际电联在1997年已经认可世广卫星系统作为国际卫星数字声音和多媒体广播推荐标准的D系统，建议全世界各国选择使用。

延伸阅读

美国世界数字卫星广播公司（World Space）是1990年成立的一家专门为发展中国家提供数字音频和多媒体卫星直播技术服务的跨国公司，总部设在美国华盛顿，现任总裁是诺阿·萨马拉（Noah Sarnara）。世广公司的宗旨是“让世界的每一个角落都能收听到广播”。从创立之初，该公司便投入巨额资金来创建世广卫星系统。整个系统由定位于赤道上空3 500km处的三颗地球同步卫星构成，它们分别是：非洲之星（21°E）、亚洲之星（105°E）、美洲之星（95°W）。三颗卫星能覆盖120多个国家，受众人口约为52亿。该系统也是唯一一个能在全球范围内提供个人接收数字音频和多媒体节目的卫星直播系统。

数字广播与两种媒介深度融合产生了两个新的网络数字广播形式：其一是通过有线广播电视网进行传输，用户通过机顶盒解码便可接收数字音频广播信号；其二是通过互联网传输，即网上传播。早在1995年8月，美国ABC广播公司就开始利用互联网对全球进行播出，这就是最初的网络数字广播。网上广播节目大致可分为两种形式。一种是在线广播，它与传统广播电台播出的节目同步，能够保证网络广播的即时性。如今中国的主流广播电台基本都已设立了自己专业的广播网，中央人民广播电台1998年设立的中国广播网就是很典型的在线广播形式。广播网是数字广播主动拥抱互联网，获得更宽传播渠道的一种战略发展选择。另一种是节目点播，听众可以根据自己的收听需求通过网络点击获得相应的广播服务。

在移动互联网全球普及和UGC狂野进击的10年中，数字广播也纷纷以移动化、定制化、自媒体化的趋势，迅速影响新媒体视听市场的内容生产与传播模式。2013年，“喜马拉雅FM”以“音频分享平台”为定位进入中国市场，随后“蜻蜓FM”“荔枝FM”也纷纷出现。与此同时，数字广播也借助移动趋势，开发出独特的社交分享型纯音乐广播平台，从国际上的iHeartRadio，Spotify到国内的网易云音乐、QQ音乐，均体现了这一趋势。

四、数字电视

电视技术自从20世纪40年代问世以来，经历了电子管、晶体管和大规模集成电路三次技术革新。三次技术革新减小了电视机芯的尺寸，大大简化了电视生产的工艺和成本，提高了电视的可靠性与稳定性。20 世纪 50 年代诞生的三大模拟制式（NTSC、PAL、SE-CAM）彩色电视，使电视告别了黑白进入了彩色的时代。然而，电视本身的清晰度并没有改善。对于电视清晰度的研究肇始于 20 世纪 70 年代，日本人对此投注了大量的精力，他们认为未来的电视应该具有高品质、高清度。1984 年，日本广播协会（NHK）首先宣布了电视高清晰度方案，在卫星广播中采用模拟调频技术的多重亚抽样编码系统（MUSE），1988 年高清电视节目正式开始试播。

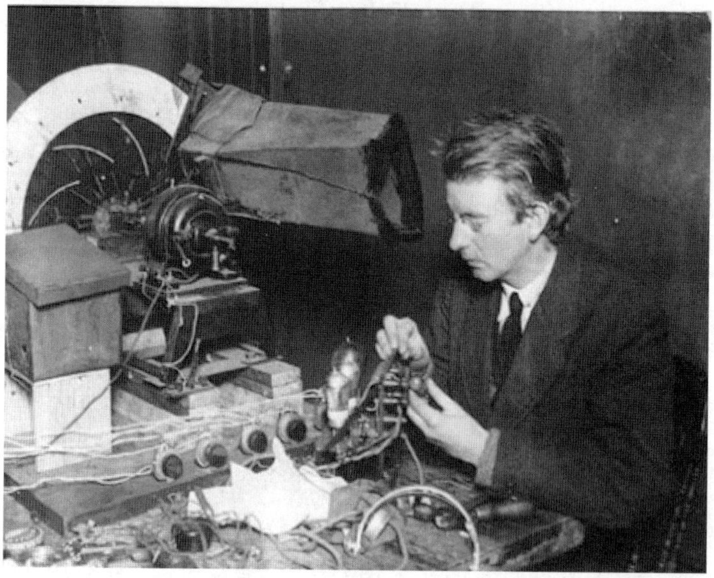

图 1－12　1925 年，英国工程师约翰·洛吉·贝尔德发明了电视

欧洲人在高清电视方面的研究也有所进展，1992 年通过卫星对巴塞罗那奥运会进行的实况转播，采用的是 HD-MAC 制式的模拟数字混合的高清电视系统。美国对于高清电视研究则走了不同于日本和欧洲的道路，美国联邦通信委员会提出了数字电视的全新理念，他们认为高清电视系统的未来趋势是整合数字压缩编码和数字传输系统的平台。尼葛洛庞帝在《数字化生存》中用“比特电视横空出世”的标题来形容数字电视的诞生，美国的全数字“ATSC”HDTV 制式取代了日本的 MUSE 制式，日本也投入到全数字制式高清电视的研究当中。2016 年之后，中国加速推进 4K 超高清电视的研制与发展。

真正意义上的数字电视应该包括一整套的数字化系统，电视节目的采集、制作、传输、分配和接收完全采用数字化系统。数字电视系统相比于模拟电视，除了在清晰度上大幅提高以外，还有其他众多的优势。数字电视的节目容量远远大于模拟电视 60 到 70 套节目的容量，可以超过 500 套。数字电视也改变了以往模拟电视单向传播的特点，可以通过视频点播、同步信息搜索等方式实现交互功能，观众不仅可以点播自己喜爱的节目，还能够通过遥控器点击相应的图片、文字，查询相关的背景知识。同时，数字电视还能够提供各种增值服务，包括节目导视、天气预报、股票信息、游戏等服务。

图 1-13 海尔（Haier）和飞思卡半导体（Freescale Semiconductor）共同推出世界第一台 UWB 无线液晶高清电视

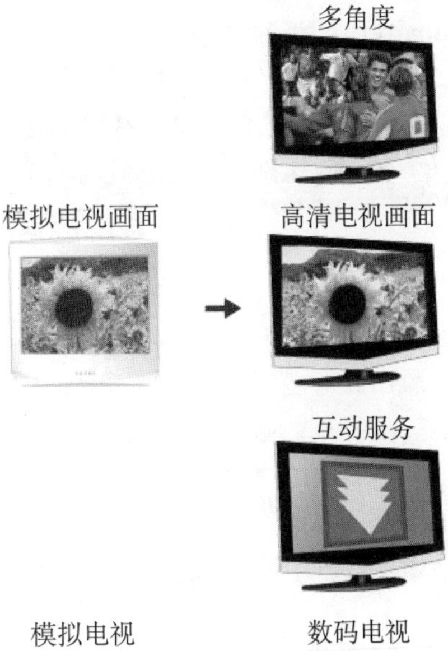

图 1-14 香港数字电视网站上模拟电视和数码电视对比图

延伸阅读：比特电视横空出世

电脑将会卷土重来，取得最后的胜利。电脑即电视。

个人电脑的飞速发展，使得采取开放式的体系结构的未来电视将等同于一部电脑。置顶盒将变得只有信用卡般大小，只要插入，就可以把你的电脑变成有线电视、电话或卫星通信的电子通道。换句话说，将来没有人生产电视机，只有电脑工业：它将制造装满上吨内存并具有强大的信息处理能力的显示器。有些电脑的显示器将不再是18英寸的，而是能让你欣赏到10英尺的超大屏幕画面。更多的情况下你会和其他人一起观看，而不是自己一个人观看。但无论你怎么看，它也仍然是一部电脑。

原因是，电脑的影像处理能力越来越强，也就是说，它拥有良好的配置，可以把影像作为数据的一种方式，在电脑上加以处理和显示。无论是电信会议（Teleconferencing）、多媒体出版（Multimedia Publications），还是一系列的模拟应用（Simulation Application），影像都成为所有电脑不可或缺的一部分。这一切变化，是想让观众体会它的一大叫得响的优势：壮观的体育活动场面近在眼前。在普通电视上，你不大可能真的看到冰上曲棍球运动员打的是什么球。正因为如此，1988年，日本人在汉城（Seoul）夏季奥运会上，首次推出"高品质电视"，而欧洲人则利用1992年阿尔贝维尔（Alberville）冬季奥运会，推出了他们的HDMAC电视（其后不到一年，这个产品就停止了开发）。

美国的高清晰度电视开发人员建议，在1996年夏天的亚特兰大（Atlanta）奥运会上，展示具有封闭式体系结构的新型数字式高清晰度电视系统。问题是，时间已经太晚了，高清晰度电视很快就会胎死腹中。到时候，没有人会在乎什么高清晰度电视，2 000万美国人会利用他们个人电脑屏幕右上角的小小视窗，观看美国国家广播公司（National Broadcasting Company，NBC）的现场转播。英特尔公司和有线新闻电视网（CNN）在1994年10月，已经共同宣布了要提供这项服务。

理解未来电视的关键，是不再把电视当电视看待。从比特的角度来思考电视才能给它带来最大收益。电影也不过是数据广播的一种特别情况罢了。比特就是比特。①

五、数字电影

如果说从无声到有声，从黑白到彩色是电影发展史上的两次变革，那么数字电影的诞生可以称得上是电影史上的第三次变革。数字电影诞生于以计算机为标志的信息技术革命浪潮中，它是指用数字格式统一电影的前期（拍摄）、后期（剪辑、数字图像的生成）和将影像信号压缩、加密、刻录以及用户终端接收的全过程，同时采用卫星、高速互联网等方式进行传输。简言之，数字电影是采用数字方式（即"0"和"1"的方式）进行制作、传输和放映的电影。

数字电影的制作主要分为三种方式：电脑制作、高清数字设备拍摄和胶片摄像机拍摄。从拍摄效果来，使用高清数字设备的图像质量要远远优于其他两种。采用高清数字设备拍摄的电影，能够避免传统胶片由于光源导致的老化、褪色等现象，能够使图像永远保持如新。而数字电影的放映采用的是DLP（Digital Light Processing）投影机，这就意味着电影信号可以直接通过数字的方式进行传输和发行，省去了传统胶片拷贝、运输、回收等耗费巨大的发行环节。有文章称，采用数字方式发行电影发行费可节省高达90%。采用

① 尼葛洛庞帝. 数字化生存［M］. 胡泳，译. 海口：海南出版社，1997.

数字传输，只要通过数字信号，全球的数字影院都可以接收和放映高质量的数字电影，节省了运输成本，也大大提高了运输效率。现如今全球的观众可以在同一时间观看最新上映的影片。通过数字化统一电影生产的全流程，能够保证电影画面质量不在任何环节受损，并大大提高了整体的电影生产效率。

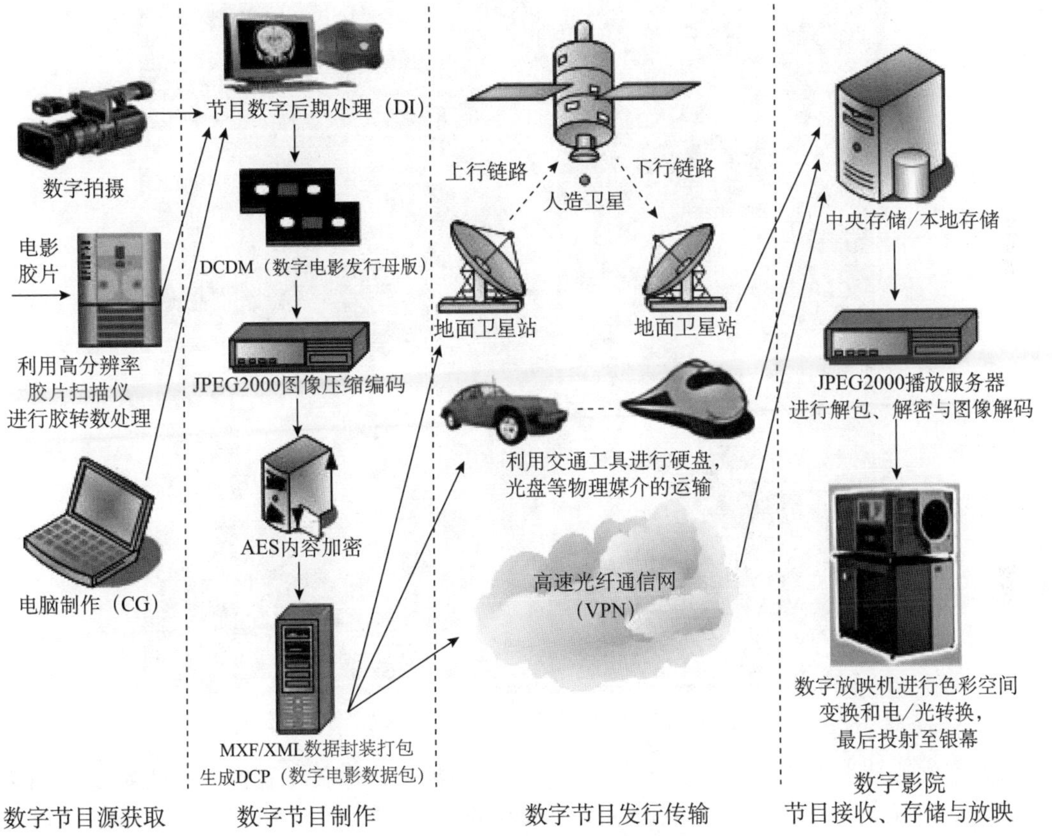

图 1-15 数字电影的基本流程

数字电影的诞生有赖于数字技术与电影技术的结合。数字电影流程的完成需要多个环节的配合，数字电影放映机的诞生离不开一个名字——美国德州仪器公司（Texas Instruments）。德州仪器公司于 1988 年研制出了首个数字微镜设备（DMD）。实际上，这一设备是一种电脑化的光开关系统，能够根据数字信号“0”和“1”开关和驱动多组镜片膜，使它们高速联动，按照一定的角度偏转，从而能够反射出影像光线的真实色彩和层次。1997 年，德州仪器公司制造 DLP 数字电影放映机，采用的就是该公司专门的 DMD 芯片。同年 5 月，德州仪器公司发起了使用 1280×1024 分辨率 DMD 芯片的数字放映机展映活动。1999 年 6 月 18 日，导演乔治·卢卡斯的《星球前传 1：

图 1-16 数字微镜设备（DMD）

魅影危机》在美国加州上映，这部电影采用的就是德州仪器公司 DLP 数字放映机，这是数字电影的首次放映。这次成功放映带来了良好的票房和口碑，在此之后，迪士尼公司制作并放映了《泰山》《玩具总动员 2》《恐龙》等一系列数字电影。电影正式迈入了数字时代。

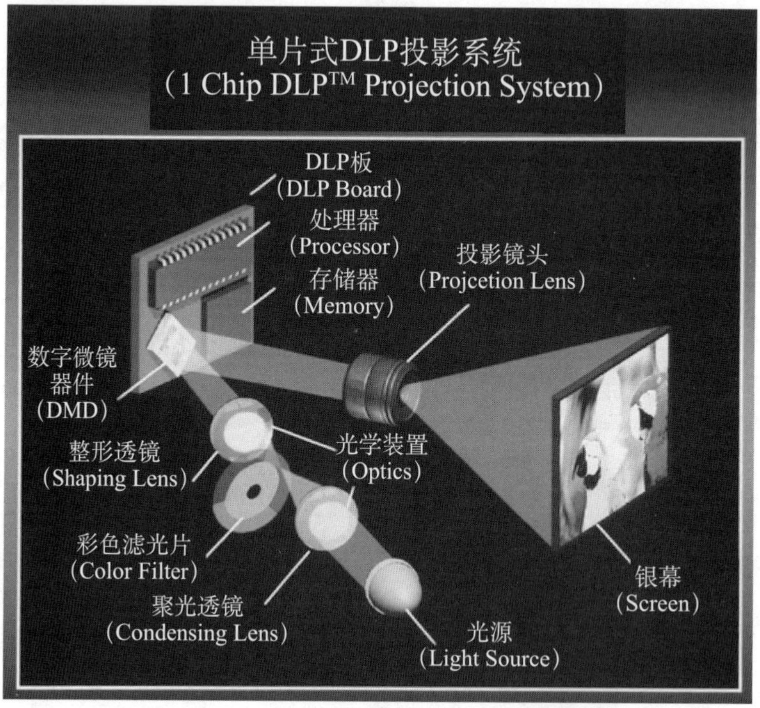

图 1-17 DLP 数字电影放映机的投影系统

数字放映技术逐渐从试验走向了成熟，电影的数字传输技术在同时期也在发展当中。1992 年，美国太平洋贝尔公司就启动了“电影的未来技术试验系统”项目，通过电话网试验传输高清故事片。1994 年，美国多家艺术电影院开始使用该公司的“未来的电影技术系统”，同年年底，这一项目试验将美国篮球职业联赛的决赛实况从底特律传送到不同城市。1999 年，20 世纪福克斯公司上映的影片《泰坦尼克号》使用互联网传输到影院，数字传输的高保真和低成本引起了广泛的关注。21 世纪以来，多家公司投入到数字电影传输技术的研发与试验当中，美国柯达公司与高通公司设立了专门的数字电影系统，波音数字电影公司成功试验通过卫星传输电影，20 世纪福克斯公司和思科公司也合作进行基于 IP 协议的因特网技术传送数字电影的放映试验。

延伸阅读

原国家广电总局于 2005 年 7 月印发的《数字电影发行放映管理办法（试行）》（以下简称《管理办法》）对数字电影的发行放映作了一系列的技术和制度上的规定，为推动国内数字电影的发展提供了政策支持。

《管理办法》指出："数字电影发行放映是指运用数字技术拍摄或者通过胶片转数字方式制作的数字电影产品，利用卫星、光缆、影片数据输入盘、硬盘等传输方式，在数字电影院（厅）或电影放映场所从事的电影发行放映业务。现阶段，数字电影发行放映以影片数据输入盘、硬盘传输方式为主，卫星、光缆传输方式待试验成熟后再推广。数字电影发行放映所使用的技术设施、设备，必须符合国家广电总局颁布的《电影数字放映暂行技术要求》（广发技字〔2004〕1036号）或《数字电影流动放映系统暂行技术要求》（广发技字〔2005〕532号）。"

原文链接：http://www.sarft.gov.cn/articles/2005/07/21/20070919153517820802.html.

第四节 数字化的意义与影响

第三次科技浪潮以计算机科学为标志，推动了人类社会的数字化转型与媒介文化的重塑。

其一，数字化改变了信息的生产、储存与传播样态与模式。数字化从根本上改变了人类社会信息传播的表达方式和呈现状态，并且象征性塑造了"二元对立"的数字文化规律。在数字化的过程中，信息经由各种中间程序和设备，被最终拆分为数字储存模式和数字模拟呈现模式，这两种模式作用于迥然不同的知识领域。前者属于计算机科学的范畴，是一种科学文本；后者归属于视觉传播的大众读解的层面，是一种大众文化文本。

其二，数字化改变了模拟复制时代的文本表现和知识流动方式。数字化进程对人类的传播行为和文化哲学具有深刻的意义。它向未来社会提供了一种文化传播理想化的可能，即允许所有格式的各种信息和资源都可以在其技术规范中，以相同的效率和语言被再度生成和融合。[①] 这种再度生成和融合的技术张力，使得大众传播学领域中的数字化进程超脱了古登堡时代印刷术和蒸汽时代的摄影术对文字和影像文化的本真复原，也迥异于后工业时代电磁技术承载和传播信息时的单纯模拟，本雅明所诟病的机械复制所带来的文化后遗症被无限扩大，以更为清晰更为拟真的强势和一往无前的暴力姿态，解构了现实社会的信息原本，再以数字碎片的方式将其书写在电脑芯片、数字光碟和各种类型的数字储存器中，重新拼贴重构了一个不稳定的、具有失真危险和易于简单复制的传播语境。而后现代社会的信息内爆的忧虑和反思正是由此语境而生发，并得力于浪漫化诠释下政治乐观主义为其摇旗呐喊的全球"信息高速公路"的建设而造福人类社会、改写文化、重构文明。

其三，数字化催生了新型的政治、经济、社会与文化结构。数字社会的概念在数字化技术的深入与普及之下逐渐形成。在理想化的数字社会模式中，技术的接入、信息的交换、社会的管理、文化的传播、人际的交往均可以通过数字化的知识生产、管理与传播系

① McQuail D. McQuail's mass communication theory [M]. 4th ed. London: Sage, 2000.

统得以实现。道格拉斯·凯尔纳在《媒体文化》中指出："机械、电力与数字时代在世界范围内以必然的历史性的交替与不平衡的共时性重叠，推进了客观世界、人类社会和文化主体之间的关系进化。"全球性的电子政务管理系统的建立、电子金融与资本的商业网络、数字化的社会系统与文化制作、传播与表现形态的出现在过去30年间为人类社会带来了根本性的变化。

计算机科学的飞速发展和全球化深入发展，加上自然科学和人文科学等诸多专业的广泛应用，使得"数字化"从一个单向度的计算机科学的词汇转变为具有丰富内涵和外延的"跨学科"词汇，并逐渐进入了艺术学、传播学、社会学、政治学以及人类学的研究视野。

延伸阅读：《数字化生存》（节选）

生存的新定义

一种用来浏览互联网络的电脑程序 Mosaic 在1993年2月到12月之间，每周的使用增长率都超过11%。使用互联网络的人每月增加10%。如果照这个速度持续发展的话（这几乎是不可能的），到2003年整个互联网络的用户数将超出地球总人口数。

有些人担心，社会将因此分裂为不同的阵营：信息富裕者和信息匮乏者，富人和穷人，以及第一世界和第三世界。但真正的文化差距其实会出现在世代之间。当一个成年人说，他最近发现了光盘的新天地时，我可以猜得出他有一个5到10岁的孩子；当一位女士告诉我，她知道了美国（在线）联机公司（America Online）时，也许她家中的孩子正值花季。前者（光盘）是一本电子书，而后者（网络）则是一种社交手段。在今天的孩童眼中，光盘和网络就好像成人眼中的空气一般稀松平常。

计算不再只和计算机有关，它决定我们的生存。庞大的中央计算机——所谓"主机"（Mainframe）——几乎在全球各地，都向个人电脑俯首称臣。我们看到计算机离开了装有空调的大房子，挪进了书房，放到了办公桌上，现在又跑到了我们的膝盖上和衣兜里。不过，还没完。

下一个1 000年的初期，你的左右袖扣或耳环将能通过低轨卫星（Low Orbiting Satellite）互相通信，并比你现在的个人电脑拥有更强的计算能力。你的电话将不会再不分青红皂白地胡乱响铃，它会像一位训练有素的英国管家，接收、分拣，甚至回答打来的电话。大众传媒将被重新定义为发送和接收个人化信息和娱乐的系统。学校将会改头换面，变得更像博物馆和游乐场，孩子们在其中集思广益并与世界各地的同龄人相互交流。地球这个数字化的行星在人们的感觉中，会变得仿佛只有针尖般大小。

我们经由电脑网络相连时，民族国家的许多价值观将会改变，让位于大大小小的电子社区的价值观。我们将拥有数字化的邻居，在这一交往环境中，物理空间变得无关紧要，而时间所扮演的角色也会迥然不同。20年后，当你从视窗中向外眺望时，你也许可以看到距离5 000英里和6个时区以外的景象。你观看的电视节目长达1小时，但把它传送到你家中所需的时间也许不到1秒钟。阅读有关巴塔哥尼亚高原的材料时，你会体验到身临其境的感觉。你一边欣赏威廉·巴克利（William Buckley）的作品，一边可能和作者直接对话。①

本章小结

数字化的意义：

其一，数字化改变了信息的生产、储存与传播样态与模式。

其二，数字化改变了模拟媒体时代的文本表现和知识流动方式。

其三，数字化催生了新型的政治、经济、社会与文化结构。

思考与研讨题

1. 什么是数字化？数字化有什么特征？
2. 数字化对人类社会与文化产生了怎样的影响？
3. 观察你在日常生活中所接触与使用的数字媒介，谈谈你对它们的认识、理解和反思。

① 尼葛洛庞帝．数字化生存［M］．胡泳，译．海口：海南出版社，1997.

Chapter 2

第二章　网络化的媒介社会

- 网络化的定义与特点
- 网络化的历史演变
- 网络与移动媒介
- 网络化的社会与个体

第一节　网络化的定义与特点

一、网络化的定义

网络（Network）是自然与社会中复杂系统间的组织模型，是指“某个单元各要素间联系的集合”（A Collection of Links between Elements of a Unit）。① 广义上，网络可被用于形容社会学、心理学、生物学、传播学中“有关联系之集合”的组织模型，物理网络、有机网络、神经网络、社会网络、技术网络、媒介网络均呈现出鲜明的网络化的传播特征；但狭义上讲，本章所涉及的网络化，实则指向的是 20 世纪中叶以来，随着互联网（Internet）技术的全球化普及，以万维网（World Wide Web）为基础的全新的社会组织、结构、互动模型，它不仅深刻影响了政治、经济、社会、文化与个体经验关系模式，更重塑了信息传递、知识分享、社交互动等人类传播行为。

由此，本章将网络化界定为由互联网及万维网共同形塑的科技文化力量，以及由此催生的媒介及传播行为的转型。在以下的内容中，我们将首先梳理由“信息高速公路”理念所推动的互联网技术的进路，进而探讨网络化的属性与特征。

从技术的维度审视网络化，我们必须要回溯到互联网诞生的原点，探索其是如何从一个物质化的服务性系统，发展成为影响现代社会知识转型的新媒体，又是如何进化为一个具有社会意义的信息结构、虚拟的知识库、人际传播的平行宇宙、社会生活的异质空间。

延伸阅读：互联网

1995 年 10 月 24 日，经过与互联网和知识产权研究人员的协商，美国联邦网络化委员会（Federal Networking Council，简称 FNC）通过决议，将 Internet 定义为：全球信息系统——（1）由一个基于互联网协议（TCP/IP）或它的后续扩展/发展之上的全球地址空间逻辑地连接起来的网络；（2）它能够通过传输控制协议/互联网协议（TCP/IP）或它的扩展/发展或者其他的与互联网协议兼容的协议进行通信；（3）它能够提供、应用或开发公众或是私人可以获取的、架构在此处所描述的通信以及相关基础结构之上的高级服务项目。

互联网络从实验室、军用开始向民用转化，得益于美国“信息高速公路”的推广与应用。

尽管美国政府声称 20 世纪 70 年代晚期就已经有了这个计划，但事实上直到 1993 年

① 迪克．网络社会——新媒体的社会层面［M］．2 版．樊静，译．北京：清华大学出版社，2014：24.

克林顿政府拟定“全国信息基础建设”（National Information Infrastructure，简称 NII）的方案，“信息高速公路”（Information Super-Highway）计划才形成系统。该系统的目标是用光缆和相应的软硬件设备以及网路体系把美国所有的政府机构、学校、公司、医院、图书馆等不同的机构及每个家庭都连接起来，建成一个全国性的计算机化的高速信息网络，通过它向全美国人民迅速准确地提供各种信息。由戈尔副总统直接负责，美国成立了国家信息基础设施特别工作小组，建立了民间企业咨询委员会，并对直接负责信息高速公路建设进度的联邦机构加强配置。

20 世纪 90 年代的美国，政府、企业和国民一同在这条“信息高速公路”上全力前进。1995 年，美国宣布完成互联网的铺设工作，正式进入“信息高速公路”时代。

表 2-1[①] “信息高速公路”时间表

1795	法国牧师克劳德·沙佩和瑞典贵族艾布拉姆·尼古拉斯·艾德尔克兰茨建成了第一个数据网络——光学电报
1835	美国人塞缪尔·莫尔斯发明了电磁电报
1842	苏格兰人亚历山大拜恩发明了传真
1866	英国人威廉·托马斯指导布建了第一条跨大西洋缆线，因为这项成就，他被封为凯文爵士
1876	美国亚历山大·格雷厄姆·贝尔（Alexander Graham Bell）发明电话
1886	德国人海因里希·赫兹（Heinrich Hertz）验证了电磁波
1895	赫兹发现了无线电波
1899	意大利人古列尔莫·马可尼（Guglielmo Marconi）发明了无线电电报
1934	《密尔沃基杂志》（*Milwaukee Journal*）发行了第一期传真报纸
1936	英国广播公司（BBC）创建了第一个电视网络
1945	亚瑟·克拉克发明了第一颗通信卫星
1948	第一套有线电视系统在美国问世
1957	苏联发射第一颗人造通信卫星 Spumk，地球卫星上装置了无线电接收器
1961	西部电气公司推出按钮操作和按键式电话设备
1964	AT&T 公司发明可视电话，遭遇失败后，于 1993 年再次推出
1969	美国国防部投资建成高级研究计划署网络（ARPAnet），这是第一个全国性的计算机网络
1970	科宁（Corning）玻璃制造公司发明光纤
1975	美国宇航局（NASA）实验直接无线广播卫星
1979	英国政府推出快速电视电话咨询服务，这是第一个可视电话服务
1980	美国有线新闻网络（CNN）开播 24 小时电视新闻网络
1983	美国政府开创互联网，美国国家科学基金会网络（NSFnet）建立

① 帕夫利克．新媒体技术——文化和商业前景［M］．2 版．周勇，张平锋，景刚，译．北京：清华大学出版社，2005：59.

续表

1987	蒂姆·伯纳斯-李在互联网上设计出了万维网
1993	克林顿和戈尔政府发表就职报告，呼吁建立“信息高速公路”
1993	Bellcore公司通过标准双绞线电话线路传送全动画视频
1994	小阿尔伯特·戈尔成为第一个参加通过计算机网络发布的现场新闻发布会的美国副总统
1996	25 000个人和集体在网上发布了他们的主页，使得网络成为最民主的媒体工具
1996	克林顿和戈尔政府邀请企业和国民与政府合作，将美国所有的教室链接到互联网
1996	国际联盟通过光缆以1万亿/秒的速度传输数据

由于计算机技术的创新和互联网的诞生，以及“信息高速公路”的概念与应用普及，社会网络有了更加丰富的层次和结构。早期的互联网彰显出将文字、声音、影像等多媒体形态的文本以数字化形式无差别传输的魔力之时，无数的文化先锋和知识分子开始幻想人类在网络世界里塑造一个全新的知识宇宙的可能性。网络化的内涵与外延唯有“脱离原先的政治、经济、社会、组织等等”体制化的束缚才有可能变得更加充实，才有可能真正迎接新“互联网时代”的到来。

早期的西方互联网先锋与新锐人士创造出“互联网的主权”之概念。约翰·巴洛在1996年瑞士达沃斯论坛上发布的《网络空间独立宣言》(*A Declaration of Independence of Cyberspace*)，表达了网络空间的所谓的“独立主权”与无政府化存在的观念。在此观念中，网络空间恰如一个独立主权国家的物理空间外的虚拟空间，独立于政府、社会和经济束缚之外，呈现出挣脱权力与资本的控制的美丽前景。其“追求创造自由，拓展知识传播；其治理应当是网络自治，而非基于暴力的政府管制或者基于财产的商业控制”①。

延伸阅读：《网络空间独立宣言》(节选)

工业世界的政府们，你们这些令人生厌的铁血巨人们，我来自网络世界——一个崭新的心灵家园。作为未来的代言人，我代表未来，要求过去的你们别管我们。在我们这里，你们并不受欢迎。在我们聚集的地方，你们没有主权。

我们没有选举产生的政府，也不可能有这样的政府。所以，我们并无多于自由的权威对你发话。我们宣布，我们正在建造的全球社会空间，将自然独立于你们试图强加给我们的专制。你们没有道德上的权力来统治我们，你们也没有任何强制措施令我们有真正的理由感到恐惧。

① 刘晗．域名系统、网络主权与互联网治理［EB/OL］．(2017-01-13)．http://www.calaw.cn/article/default.asp?id=11938.

政府的正当权力来自被统治者的同意。你们既没有征求我们的同意，也没有得到我们的同意。我们不会邀请你们。你们不了解我们，也不了解我们的世界。网络世界并不处于你们的领地之内。不要把它想成一个公共建设项目，认为你们可以建造它。你们不能！它是一个自然之举，于我们集体的行动中成长。

你们没有参加我们的大型聚会对话，也没有在我们的市场中创造财富。你们不了解我们的文化和我们的伦理，或我们的不成文的“法典”（编码），与你们的任何强制性法律相比，它们能够使得我们的社会更加有序。

你们宣称我们这里有些问题需要你们解决。你们用这样借口来侵犯我们的世界。你们所宣称的许多问题并不存在。哪里确有冲突，哪里有不法行为，我们会发现它们，并以我们自己的方式来解决。我们正在达成我们自己的社会契约。这样的管理将依照我们的世界——而不是你们的世界——的情境而形成。我们的世界与你们的世界截然不同。

网络世界由信息传输、关系互动和思想本身组成，它们排列而成我们通讯网络中的一个驻波（驻波：物理学概念，指原地振荡而不向前传播的运动状态——译者注）。我们的世界既无所不在，又虚无飘渺，但它绝不是实体所存的世界。

我们正在创造一个世界：在那里，所有的人都可加入，不存在因种族、经济实力、武力或出生地点产生的特权或偏见。

我们正在创造一个世界，在那里，任何人，在任何地方，都可以表达他们的信仰而不用害怕被强迫保持沉默或顺从，不论这种信仰是多么的奇特。

你们关于财产、表达、身份、迁徙的法律概念及其情境对我们均不适用。所有的这些概念都基于物质实体，而我们这里并不存在物质实体。

我们的成员没有躯体，因此，与你们不同，我们不能通过物质强制来获得秩序。我们相信，我们的治理将生成于伦理、开明的利己以及共同福利。我们的成员可能分布各地，跨越你们的不同司法管辖区域。我们内部的文化世界所共同认可的唯一法律就是“黄金规则”。我们希望能够在此基础上构建我们独特的解决办法。但是我们决不接受你们试图强加给我们的解决办法。①

由自由主义和无政府主义所催生的早期“互联网的主权”想象，随着时间的发展，越来越呈现出其自身的矛盾性。日益猖獗的互联网犯罪、灰色互联网、暗网代理服务的侵袭，基于网络化的全球化发展而形成的数字疆域及互联网治理等议题的出现，使我们意识到所谓的“超越一切”之上的“互联网的主权”不过是一场科技乌托邦的幻梦。

近年来，国际社会与新媒体研究学者开始寻求制定互惠、互利、互赢模式下的《互联网宪章》的可能性，推动更为规范、科学与公平的人类社会的网络化转型与文化进步。

---

① 巴洛. 网络独立宣言［M］//清华法治论衡：第四辑. 北京：清华大学出版社，2004：509.

延伸阅读：呼吁国际社会推动制定《互联网宪章》

教育部科技发展中心　李志民

网络空间是人类共同的活动空间，网络空间前途命运应由世界各国共同掌握。各国应该加强网络治理沟通、扩大共识、深化合作，共同构建网络空间命运共同体。为了保护网络国家主权，保护网民网络权，各国要积极推动制定《互联网宪章》，依靠《互联网宪章》，推进全球互联网治理体系变革，约束美国在互联网领域的霸权行为。

《互联网宪章》应该坚持以下一些原则：

1. 保障网民网络权原则。互联网根目录服务器（阳光）、网间协议 TCP/IP（空气）和网络 IP 地址（水）是网民应享有的基本网络权，就像阳光、空气和水一样是天赋人权。

无论根目录服务器放置在何处，任何国家或机构组织不得视为己有。任何国家或机构组织不得非法剥夺网民的基本网络权。

2. 尊重国家网络主权原则。世界各国应平等参与国际网络空间事务管理。国家主权平等原则是当代国际关系的基本准则，尊重各国自主选择网络发展道路、网络管理模式、互联网公共政策的权利，不搞网络霸权，不干涉他国网络治理，不从事、纵容或支持危害他国国家安全的网络活动。

3. 共同维护网络空间的和平与安全。维护网络安全应有共同的标准，不能为一个国家的网络安全而造成其他国家不安全，一部分国家安全而另一部分国家不安全，更不能以牺牲别国安全谋求自身所谓绝对安全。网络空间不应成为各国角力的战场，更不能成为违法犯罪的温床。不论是商业窃密，侵犯个人隐私，还是对政府网络发起黑客攻击，都应该根据相关法律和国际公约予以坚决打击。

4. 坚持网络空间法治原则。网络空间同现实社会一样，既要提倡自由，也要保持秩序。要明确规定网络空间各主体的权利和义务。相关各方都应该遵守法律，遵守网络伦理，发展网络文明。既要尊重网民交流思想、表达意愿的权利，也要依法治理网络秩序，保障广大网民合法权益。

5. 提倡开放共享、合作共赢精神。维护网络空间秩序，大力提倡“开放共享、合作共赢”的互联网精神和互信互利的理念，摈弃零和博弈、赢者通吃的旧观念。各国应该推进互联网领域开放合作、资源共享，丰富开放内涵，提高开放水平，搭建更多沟通合作平台，创造更多利益契合点、合作增长点、共赢新亮点，推动彼此在网络空间优势互补、共同发展，让更多国家和网民共享互联网发展成果。

链接阅读：互联网的“宪章时刻”。http://dajia. qq. com/blog/492937112746562. html? pgv _ ref=tqq. dajia. msg.

网络化体现了人类社会传播活动丰富化、多元化、关联化不断增强的过程。它也从单纯的技术化的概念——即由多个计算机和电子终端设备节点通过交互联成统一的信息网络，以数字化技术、多媒体技术和网络技术为技术核心，按照一定的网络协议相互通信，以达到所有用户都可以共享软件、硬件和数据资源的目的，进而推动人类社会向信息社会迅速转变的过程——渐进发展为新媒体研究的核心关键词。

二、网络化的特点

从媒介研究和传播学的角度来审视网络化的革新性力量之前，我们先来了解一下其基本属性与特点。

（一）开放性

用分布式取代中心式的信息传输体系，科学家们在设定框架时就已经为互联网定下了开放式结构网络的技术规矩，而后的 TCP/IP 协议和超文本语言系统又为其开放性提供了软件保障。互联网的开放性特征最先来源于此。而另一方面，开放性瓦解了传统的绝对控制，或者说垄断，个体或组织进入网络，开展网络活动的限制减少。

第一，互联网对用户开放。在这里，不再有种族、国家、贫富、社会地位、性别和年龄的限制，只要条件满足，任何人都可以上网，体验其中的乐趣。

第二，互联网对服务者开放。它提供了一个开放的接入环境，从而使互联网上的每一个节点，都可以自愿地、轻而易举地为其他节点提供信息服务。

第三，互联网对未来的改进开放。互联网的各个子网在遵循网络接入协议的前提下，可以有不同的风格和体系，可以根据不同的需要随时对任何一个子网进行更改而不影响整个互联网的运行。互联网的缔造者们曾明确强调："设计互联网的一个关键理念是，它不应该是一个应用，而应该是通用的基础结构，人们可以在它上面设想各种应用。"①

延伸阅读：谷歌数字图书馆

2004 年 12 月，谷歌启动了一项图书扫描项目，将与之合作的专业图书馆的藏书转化为电子书，并开发出了一种批量化图书扫描的先进技术。用户可以搜索关键字或者使用分类进行查找，同时，关于该书的相关信息，包括版权、网上书店以及书籍来源会在左侧显示。谷歌数字图书馆的特点在于任何用户均可打破时空局限，迅速找到所需书籍、文件甚至图片，这样也大大节省了存储空间，保护了原版书籍，在书籍资源共享上迈出了电子的脚步。

图 Books by Google Play

谷歌数字图书馆网址：http：//books. google. com. hk.

① 雷纳．互联网简史［M］//熊澄宇．新媒介与创新思维．北京：清华大学出版社，2001：355.

（二）共享性

网络的共享性实际上是对网络信息共享的现实情形的描述。每个节点借助互联网都能够实现信息交流和资源共享。具体方式包括网上邻居、网络共享打印、网络共享软件和平台（如网络云盘）、网络线下共享（如打车平台）等，这样便捷而快速的资源分享方式大大提高了信息的流通率、资源利用率以及社会运转效率。如今，互联网已经在创造一种真正意义上的“分享经济”，这是网络共享性的现实呈现。

延伸阅读：共享文化运动（Free Culture Movement）

共享文化运动（Free Culture Movement）是提倡以互联网或其他媒体，散布、修改各式自由内容作品的社会运动。此运动反对当前太过限缩的著作权法，许多运动人士认为这样的法律已经阻碍了创造力，并且称呼这样的系统为“许可制的文化”。

网络的共享性不仅体现在上述方面，更为重要的是它带来了知识共享（Creative Commons）新的可能，即通过创作者保留部分权利，从而实现最大程度上的共享自由。2001年，以劳伦斯·莱斯格（Lawrence Lessig）为首的一批先行者率先成立了名为 Creative Commons（简称 CC）的非营利性机构，制定了以美国法律体系为基础的知识共享协议，其目的就是构建一个合理、灵活的著作权体系，来为公众提供知识创作和共享的自由与权利。

2005 年 1 月，中国人民大学法学院成为 CC 组织在中国大陆的合作机构，全面开始了知识共享中国大陆项目（也称为 CC 中国大陆项目）。项目组负责 CC 协议的翻译与本地化，以及与本地化协议相关的各项推广工作。2006 年 3 月 29 日，知识共享中国大陆版（CC China）2.5 协议免费向公众开放使用。

图 2-1　知识共享中国大陆项目官网：http://creativecommons.net.cn

案例　中国台湾：创用 CC 计划

2003 年开始，由中央研究院资讯科学研究所主持，台湾开始了创用 CC 计划。计划大致分为四大部分：基础建设、咨询服务、合作推广以及国际交流。CC机构所提供的公众授权条款，在台湾称为“创用CC”授权条款。

创用CC计划官网：http://creativecommons.tw.

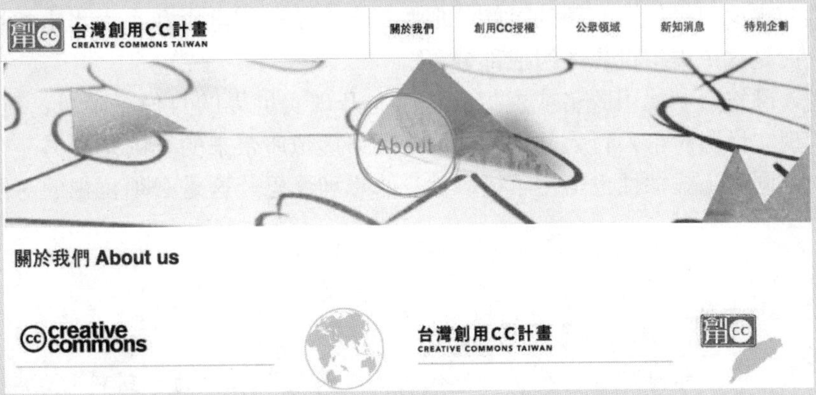

（三）交互性

谈及网络的交互性，两个核心特征缺一不可。一是多方向性，即联通双方间的交流是多方向的，而非单向无互动的；二是可控性，即参与个体在交流过程中可以能动地把握互动的趋势走向。① 具有渔网状分布式结构的互联网络使得每两个节点之间都可以直接进行互动，而这种互动有三种类型：用户与用户之间，用户与系统之间，用户与文档之间。

如果说Web1.0时代是以门户网站编辑内容为主要特征的互联网阶段，那么进入21世纪，网络也跟着进入了更为活跃和交互凸显的所谓的“Web2.0”阶段，它的到来也使得网络的交互性特征变得明显起来。这个阶段，网站和用户之间的互动，用户和用户之间的互动都变得更加频繁活跃，最典型的代表有维基百科全书（Wikipedia）、博客（BLOG）、社交网络（SNS）等。网站提供了开放的平台，令互联互动的形式越来越丰富，网络的交互性特征也越发突出。

延伸阅读：何为Web2.0?

Web2.0是2003年之后互联网的热门概念之一。它是相对于以网站发布信息为特征的Web1.0而提出的互联网发展的第二个阶段。这个阶段更注重用户的交互作用，即用户既是信息的消费者、浏览者，也是网站内容的创造者。Web2.0所基于的六度分割理论正是强调了人与人之间的网络互联性。

① 琼斯. 新媒体百科全书［M］. 熊澄宇，范红，译. 北京：清华大学出版社，2007.

（四）虚拟性

网络的虚拟性从字面意义上说，是指网络世界的无形、非真实性，它构造了李普曼眼中的拟态环境，以图像、声音、信息等电子文本作为自己的存在形式。从技术层面来看，网络为人类的想象力提供了实现的可能，那些只存在于科幻电影和小说当中的场景不再是痴人说梦，而是这个虚拟世界的组成部分。

用户进入网络后，使用匿名或虚拟身份以抛开现实世界的身份、阶级、地域等属性，大大释放了现实世界对个人行为的束缚，或许网络虚拟所带来的真的是"另一个自我"的释放。但与此同时，虚拟性也衍生了诸多社会隐患和忧思，这是必须正视的对网络发展的反思。

延伸阅读：《骇客帝国》

《骇客帝国》三部曲是刻画互联网时代的最令人瞠目结舌的系列科幻电影。电影里的人们生活在计算机网络中，他们的世界即是正在发生及未来可实现的虚拟世界。尽管故事情节是虚构的，但影片的背后是人们对未来计算机与网络世界的不可预知的深深忧虑。关于影片最经典的一句话就是："未来生活，也许网络不会'杀了'我们的身体，但它已经'杀了'我们现有的生活方式。"

以互联网为代表的信息技术对科幻作品的影响就是诞生了一种新的风格类型——"赛博朋克"，通常讲的故事发生在科技非常先进的未来世界，与无孔不入的网络和复杂精致的人工智能、生物工程紧紧相连。此类故事经常审视网络对社会的影响，甚至人性本身，以及科技的永恒发展和数据流的无所不在。

延伸阅读：《神经漫游者》

《神经漫游者》是加拿大科幻小说家威廉·吉布森（William Gibson）1984 年完成的代表作品。在小说中，作者第一次提出了"赛博空间"（Cyberspace），用以描述一个可以给予人直接神经反馈的虚拟现实空间。这部科幻作品也带来了"赛博朋克"文化的流行，是早期关于世界网络化的精彩想象力作。

《神经漫游者》（节选）

"网络源自古老的电子游戏，"画外音说道，"源自早期的图形程序和军方试验的颅骨接入口。"索尼显示器上空间战的二维画面渐渐消失，生长出一片数学函数生成的蕨类植物，展示对数螺旋的各种三维形态；蓝色调的军方录像片段闪过，有被接入测试系统的实验动物，还有接入坦克和战机火力控制回路的头盔。“每天都在共同感受这个幻觉空间的合法操作者遍及全球，包括正在学习数学概念的儿童……。它是人类系统全部电脑数据抽象集合之后产生的图形表现，有着人类无法想象的复杂度。一条条光线在智能、数据簇和数据丛的非空间中延伸，像城市的灯光渐渐远去，变得模糊……”

凯斯闭上眼睛，摸到开关。在眼睛后面那片血色黑暗之中，银色视像从视界边缘滚滚流入，好像随机图像拼成的电影，晃得人头晕。那些符号、图形、脸庞，那些视觉信息模糊拼凑成一片坛城。他祈祷着：来……一只灰色的圆盘，那是千叶城天空的颜色。现在……圆盘开始旋转，越来越快，变成一只淡灰色的圆球……。那水一般的霓虹如同繁复的日本折纸，现出他那触手可及的家园，他的祖国，像一张透明的三维棋盘，一直伸到无穷远处。那只内在的眼睁开了，他看见三菱美国银行的绿色方块，后面东部沿海核裂变管理局耀眼的猩红色金字塔，还有军队系统的螺旋长臂，在他永不能企及的更高更远处。

第二节　网络化的历史演变

一、 阿帕网的诞生

紧跟在苏联发射第一颗通信卫星之后，美国国防部在 1958 年成立了高等研究计划局（Advanced Research Projects Agency，简称 ARPA）。这是一个被给予宽泛自由和资金用以集中研究任何它想要的项目的军事研究机构。在接下来几年的研究中，负责人利克里德（J. C. R. Licklider）预见到他称之为计算机“星状网络”的东西能够在全球范围内交流和分享信息。ARPA 的第二任局长罗伯特·泰勒（Robert Taylor）在思考前任局长的设想时，去中心化的分布式网络逐渐在他脑海中成形。只是，如何才能够将计算机真正连接起来？罗伯特开始组建计算机研究团队。这个团队里就有被称之为“阿帕网之父”的拉里·罗伯茨（Larry Roberts）。

1968 年 6 月 3 日，罗伯茨所在的信息处理技术办公室向国防计划署正式递交了“资源共享的电脑网络”计划。其目的是让 ARPA 内部的电脑都互相联络，便于大家分享研究成果。1969 年，阿帕网（ARPAnet）正式建立。阿帕网采用了保罗·巴兰（波兰）提出的“分布式通信系统”理论和伦纳德·克兰罗克（Leonard Kleinrock）提出的“分组交换”理论，由此实现了网络渔网状的分布式系统。实验阶段，阿帕网先后建立了四个主 Internet 节点：UCLA 大学（洛杉矶）、斯坦福研究所、UCSB（圣巴巴拉）和 U（犹他州立）。这是历史上第一个全国性的计算机网络。

阿帕网的建立发出了互联网历史上最早的一缕光。

延伸阅读：《如我们所想》（节选）

凡尼佛·布什

完全新式的百科全书也将出现，制作精美的互相联系的轨迹网贯穿其中，它还可以插入 MEMEX（布什想象出来的一套知识管理系统，也称为记忆倍增器，与今天的互联网无异）中，然后可以投影放大。律师可以轻而易举地找到他的整个经历中相关的观点和决定，以及朋友们和权威人士的经验中的东西。专利律师可以查看成千上万的已发布的专利，还可以从常用的轨迹中找出客户的兴趣所在。外科医生如果对他的病人的反应感到疑惑，可以查看一下以前建立的相似病例的轨迹，还可以参考相关的解剖学和组织学的经典书籍。被一种有机化合物的合成困扰的化学家，可以看一下自己实验室中以前所有的化学文献以及类似的化合物的轨迹，有的轨迹会存有它们的物理化学特性。

历史学家也许拥有大量的个人年表，可以将它并行地与一个跳跃的轨迹相连，而这个轨迹只在比较显著的条目上才停下来。他可以随时查看现代的轨迹，也可以查询所有文明历程中的一个特殊时期的轨迹。将会有一种新的职业出现，这就是轨迹制作者。他们会从大量的普通材料中构造有用的轨迹并从中感受乐趣。大师们的遗产将不只是他个人加到世界宝库中的东西，而将成为他的信徒们共享的整体的知识框架。

这样，科学将形成一些途径，通过它们，人们可以制作、存储以及检索人类的所有记录。

二、 全球互联和 TCP/IP 协议

从 1970 年开始，阿帕网向非军用部门开放，许多大学和商业部门开始接入。首批接入阿帕网的他国主机包括英国伦敦大学和挪威的皇家雷达机构。阿帕网也开始通过卫星通信与相距较远的夏威夷州建立节点。总之，阿帕网从 20 世纪 70 年代开始在世界范围内频繁设点，全球性的互联网开始浮现。中国是接入国际互联网的第 77 个国家。也正是在 70 年代，“杀手级应用”——电子邮件出现了，它先是成为阿帕网项目科学家之间传递数据的一种高效方式，往后更是成为互联网服务的重要组成部分。一个 1973 年的研究表明全部阿帕网流量的 75%是由电子邮件投递带来的。

到了 1975 年，阿帕网已经接入了 100 多台主机，并结束了网络试验进入运行阶段。这个阶段主要解决的问题是网络互联。当时每个网络群都有自己的规范和标准，为了允许不同的网络之间进行交流，罗伯特·卡恩（Robert Elliot Kahn）和温顿·瑟夫（Vinton G. Cerf）共同研发了 TCP/IP 协议。该协议被美国国防部认可，并将之认定为标准网络协议；1983 年，该协议被确定为全球统一的网络协议标准。

延伸阅读：TCP/IP 协议

TCP/IP 是“Transmission Control Protocol/Internet Protocol”的简写，中文译名为“传输控制协议/互联网络协议”，它是一种网络通信协议，用以规范网络上的所有通信设备，以及一个主机与另一个主机之间的数据往来格式以及传送方式。TCP/IP 是 Internet 的基础协议，也是一种电脑数据打包和寻址的标准方法。IP 地址系统与域名（Domain Name）地址系统一一对应，IP 地址由数字组成，而域名则是为了便于记忆和书写的字符型地址。国际顶级域名有“.com”“.net”“.org”等。

在阿帕网不断增加全球网络节点的同时，科学家罗伯特·梅特卡夫（Robert Metcalfe）尝试运用“以太网（Ethernet）”技术将一栋建筑物中的所有计算机连接在一起，允许计算机与计算机之间共享所储存的信息。这一实验性的成功尝试进一步推动了局域性互联系统的形成。网络世界也在“以太网”的技术支持下形成了各种区块式的局域网络。局域网由此出现。1979 年，网络新闻组问世，并推动了世界范围的新闻组（Newsgroups）网络系统的形成，电子布告栏雏形也初露端倪。网络新闻组由数以万计的国际新闻组组成，囊括当时互联网上几乎所有的网络论坛信息。新闻组和万维网网址、电子邮件、远程登录、文件传送同为早期的互联网上重要的内容服务和信息传播方式。

网络新闻组（Users' Network）网络新闻组也被称为用户交流网，全球有共同兴趣爱好的用户都可以在不同的新闻组中相互交流和传递信息，它是重要的早期互联网的服务之一。

1983 年之后，阿帕网分离出非保密的军事通信部分（MILNET），并逐渐去除其军事属性，转化为大众意义上的“互联网”。两年后，一个决定性的发展使互联网最终成形。1985 年美国五个超级计算机中心成立，美国国家科学基金会（National Science Foundation）同意建造一个“中枢网络”（NSFNET）连接它们，并允许建立区域学术网络，并开放免费接入。至此，中枢网络取代阿帕网，并推动着互联网的最终成形。

三、 万维网触发互联网的大众化转型

万维网出现之前，计算机和互联网仅是专业领域从业者和电脑爱好者的专属品。1989 年，任职于欧洲核子研究组织的计算机科学家蒂姆·伯纳斯-李（Tim Berners-Lee）向上司递交了一份优化组织成员间信息交换系统的提案，以帮助欧洲核子研究组织的科学家们更为便利地在计算机间传递和接收数字文档。根据蒂姆·伯纳斯-李的构想，优化的信息系统模型将对接 Web 客户端和 Web 服务器，承载起相互链接的超文本信息所组成的系统，并帮助文档和其他形式的数据形成网页，进而汇总为具有独特地址、便于保存与访问的网站。蒂姆·伯纳斯-李将此地址标识为 URL。之后，它就成为众所周知的 URL 地址。

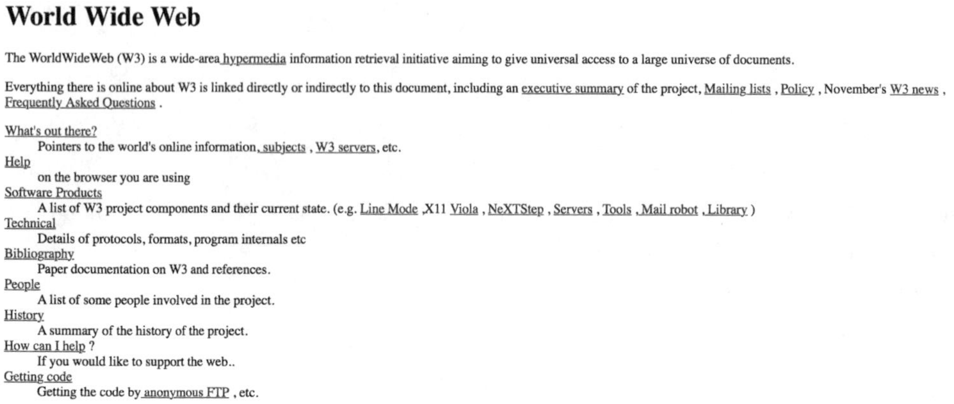

World Wide Web

The WorldWideWeb (W3) is a wide-area hypermedia information retrieval initiative aiming to give universal access to a large universe of documents.

Everything there is online about W3 is linked directly or indirectly to this document, including an executive summary of the project, Mailing lists , Policy , November's W3 news , Frequently Asked Questions .

What's out there?
Pointers to the world's online information, subjects , W3 servers, etc.
Help
on the browser you are using
Software Products
A list of W3 project components and their current state. (e.g. Line Mode ,X11 Viola , NeXTStep , Servers , Tools , Mail robot , Library)
Technical
Details of protocols, formats, program internals etc
Bibliography
Paper documentation on W3 and references.
People
A list of some people involved in the project.
History
A summary of the history of the project.
How can I help ?
If you would like to support the web..
Getting code
Getting the code by anonymous FTP , etc.

图 2-2 1991 年 8 月 6 日，由蒂姆·伯纳斯-李建立的首个万维网网站上线

在万维网上普通用户只要通过一个单独的界面（即 Web 浏览器）、一种简单的文字处理发布语言（即 HTML 超文本标记语言）和一个更简单的通信标准（即 HTTP 超文本传输协议）就可以查询和发布信息。

简单来说，万维网就是一个基于超文本方式的信息检索服务工具，是互联网历史上第一个浏览器。伯纳斯-李并没有申请这项伟大发明的专利，而是把它的源代码公布出来，所有人都可以使用它、改进它，并且这一切都是免费的。万维网的出现极大地推广和普及了互联网的使用。

延伸阅读：超文本

超文本（Hypertext）由一个叫作网页浏览器（Web Browser）的程序显示。网页浏览器从网页服务器取回称为“文档”或“网页”的信息并显示。通常是显示在计算机显示器上。人可以跟随网页上的超链接（Hyperlink）再取回文件，甚至也可以送出数据给服务器。

延伸阅读：网页和网站

网页是网站的基本信息单位，是万维网的基本文档。它由文字、图片、动画、声音等多种媒体信息以及链接组成，是用 HTML 编写的，通过链接实现与其他网页或网站的关联和跳转。

网站则是由各种承载不同信息或功能的网页组成的。一个或多个网页按照一定的需求和表现规则集中在一起形成站点，通过访问地址可以找到它，这个站点就是网站。

万维网在 1991 年被公布于世时，还只是一个“线性”浏览器，只能对有限用户显示伯纳斯-李所在公司 CERN 在网上发布的有限文本信息。但到了 20 世纪 90 年代末期，万维网已经发展到了很高水平。每一个主流媒体都出现在了万维网的网页上。同时，成千上万的人学会了基础的 HTML 编程，他们开始创造自己的主页，网上购物已经如火如荼。

总之，到世纪之交，万维网上已经变得热闹非凡。

延伸阅读：Mosaic 浏览器

1993 年，美国伊利诺州的伊利诺大学的 NCSA 组织，发表了第一个可以显示图片的浏览器，命名为“Mosaic”，它可以在万维网上通过点击的方式随意访问，而不再需要通过敲击键盘的方式。Mosaic 是第一个使网上冲浪成为可能的浏览器，一度成为万维网上最受欢迎的浏览器，算是点燃后来因特网热潮的火种之一。

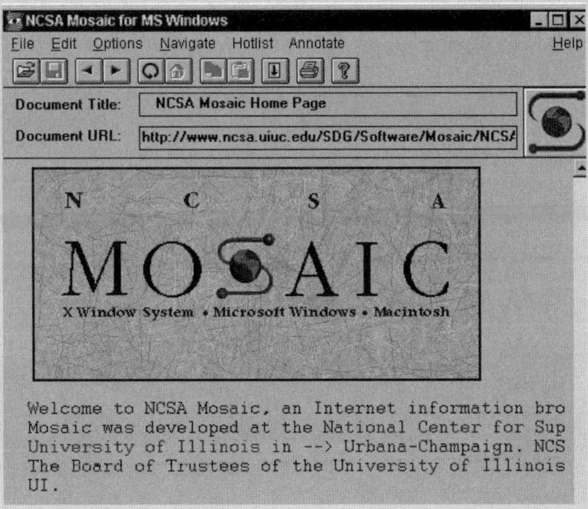

此外，在硬件上，光线电缆网络以千倍于数字处理器的速度传递数据，这也让信息变得便宜且高速。从 20 世纪 90 年代开始，因特网便实现了全球范围的远程登录、电子邮件、文件传输、图像通信等数据服务的普及，互联网的浪潮席卷世界。

1986 年，北京市计算机应用技术研究所实施的国际联网项目——中国学术网（Chinese Academic Network，简称 CANET）启动。1987 年 9 月，CANET 在北京计算机应用技术研究所内正式建成中国第一个国际互联网电子邮件节点，并于 9 月 14 日发出了中国第一封电子邮件：越过长城，走向世界（Across the Great Wall We can Reach Every Corner in the World）。这揭开了中国人使用互联网的序幕。它的通信速率最初为 300bps。1994 年 4 月 20 日，中关村地区教育与科研示范网络（NCFC）工程通过美国 Sprint 公司连入互联网的 64K 国际专线开通，实现了与国际互联网的全功能连接。从此中国被国际上正式承认为真正拥有全功能互联网的国家。此事被中国新闻界评为 1994 年中国十大科技新闻之一。1994 年 5 月 15 日，中国科学院高能物理研究所设立了国内第一个 WEB 服务器，推出中国第一套网页，内容除介绍中国高科技发展外，还有一个栏目叫“Tour in China”。此后，该栏目开始提供包括新闻、经济、文化、商贸等更为广泛的图文并茂的信息，并改名为《中国之窗》。1997 年 11 月，中国互联网络信息中心（CNNIC）发布了第一次《中国互联网络发展状况统计报告》：1997 年 10 月 31 日，中国已拥有上网计算机 29.9 万台，上网用户数 62 万，CN 下注册的域名 4 066 个，WWW 站点约 1 500 个，国际出口带宽 25.408M。

延伸阅读：瀛海威时空

1995 年，美国宣布进入“信息高速公路”时代。1996 年春天，北京一个名叫“瀛海威”的公司在中关村竖起了一个硕大的广告牌，上面清楚地写着：“中国人离信息高速公路有多远——向北 1 500 米。”这个广告牌成为当年国内最受关注的商业事件之一。作为中国第一个互联网接入服务商，瀛海威时空曾是中国互联网的代名词。

四、 互联网的市场化孵化

曾经枯燥和缺乏美感的文字浏览器形式在 Mosaic 浏览器推出之后略有改变。1994 年，马克·安德森成立的网景公司（Netscape）在 Mosaic 的基础之上，推出了第一个商用浏览器——网景导航者浏览器（Navigator）。该浏览器在 16 个月的时间内就占领了 90%的市场份额，但其迅速扩张的市场占有率和资本市场也引起了微软的注意，这家软件巨头仅在网景公司首次公开募股之后的一周就推出了第一代 IE，由此揭开了 20 世纪 90 年代的浏览器大战。

同年，当时还是学生的杨致远（Jerry Yang）和大卫·费罗（David Filo）开发出一个分类整理和查询网站的网站，并通过其将同一类型的网站信息归类、整理、目录化，以便于网络用户免费使用，极大地提高了网络信息搜索的精准度，更节省了搜索成本。“雅虎”网站由此面世，成为全球第一家提供互联网导航服务的网站。从新媒体发展史的角度回顾“雅虎”的出现，我们可以深刻地观察到，它的出现不仅仅开创了一个网络搜索的时代，“更重要的是（其）制定了互联网行业全世界至今遵守的游戏规则——开放、免费、营利”①。

延伸阅读：美国车库文化是什么？

链接：http://www.mak-er.com/ckzs/55.html.

车库文化发轫于私人车库的再使用，有学者将之称为互联网创客的萌芽之地、IT等科技行业的家庭式摇篮。苹果、亚马逊、微软、谷歌等诸多互联网公司都是在私人车库中诞生并发展壮大的。

20世纪的最后10年，互联网市场孵化从车库文化迅速席卷全美。硅谷成为汇集早期互联网梦想家、投机人和创客们的新家园，并化身为科技创业公司之家的代名词。雅虎、谷歌、苹果、惠普等公司都是在世纪末的科技漩涡中茁壮成长起来的。

互联网市场孵化的全球性发展产生出摩尔定律、梅特卡夫定律等用以描述网络扩张和市场变迁的“定律式”观察。

（一）摩尔定律

摩尔定律 当价格不变时，集成电路上可容纳的元器件的数目，约每隔18—24个月便会增加一倍，性能也将提升一倍。

摩尔定律是由英特尔（Intel）创始人之一戈登·摩尔（Gordon Moore）于1965年提出来的。其内容为：当价格不变时，集成电路上可容纳的元器件的数目，约每隔18—24个月便会增加一倍，性能也将提升一倍。按此规律，计算机的性能每隔18个月将提升一倍，而价格下降一半。换言之，每一美元所能买到的电脑性能，每隔18—24个月翻一倍以上。② 摩尔定律是技术方面反映信息技术功能价格比的新规律，本质上是一个经济学现象，这一定律揭示了信息技术进步的速度。根据摩尔定律，性能提升伴随价值下降，因此网络成本将会越来越低。

然而，计算机和互联网技术的发展速度已经超过了最初的预测，根据“新摩尔定律”，网络空间中最近18个月的数据等于原来数据的总和。换句话说，网络空间积累的大数据都是近两年产生的。有专家预测，Internet联网主机数和上网用户人数的递增速度，大约每半年就翻一番，而这一趋势在未来若干年内仍将保持下去。③

延伸阅读：英特尔公司与摩尔定律

英特尔公司是摩尔定律的忠实拥趸。2015年是摩尔定律提出50周

---

① 吴军．浪潮之巅：上册［M］．2版．北京：人民邮电出版社，2013：159.

② 45纳米技术：CPU更快、更节能［J］．新电脑，2007（10）：151-153.

③ 胡宜课．魔术般神奇的“摩尔定律”［J］．百科知识，2001（11）：15.

年，目前英特尔酷睿 i5 处理器的性能是第一代 4004 处理器的 3 500 倍，能效高出 9 万倍，而成本只有 1/60 000。[1] 长期以来，英特尔隔年交替进行架构变革与制程进化，CPU 架构工艺的提升（仅指 Intel CPU）严格在摩尔定律下进行。从 2009 年的 32nm SNB，到 2011 年的 22nm IVB，再到 2014 年的 14nm Broadwell，一切按部就班，晶体管数量也是如此，都以一个翻倍的变化提升着，刚好符合摩尔定律 2 年的时间规律。但是，当 Intel 的 CPU 进入 Core 智能处理器的时代，由于缺乏竞争，Intel 的 CPU 的架构与性能提升采取了“挤牙膏”的办法，芯片性能发展的速度大大降低。

（二）梅特卡夫定律

梅特卡夫定律（Metcalfe's Law）是由 3Com 公司的创始人罗伯特·梅特卡夫提出的网络方面反映信息网络扩张效应的新规律。该定律提出总体上看消费方面存在效用递增，即需求创造了新的需求，网络的有用性（价值）随着用户数量的平方数增加而增加。

网络的价值 $V=K\times N^2$（K 为价值系数，N 为用户数量）。

梅特卡夫定律 网络的有用性（价值）随着用户数量的平方数增加而增加。

此规律意味着网络越大越好，大网吃小网。这一定律被广泛应用于预测互联网企业发展趋势，评估企业的成长性和投资价值，对于互联网经济的发展有着至关重要的作用。而且，在互联网技术与资本结合的共同作用下，全球互联网经济从 20 世纪 90 年代起，就呈现出超乎寻常的指数增长态势，并开始向经济和社会各个领域进行渗透和扩张，对经济和社会的影响越来越大。《连线》杂志总编凯文·凯利（Kevin Kelly）说过“要连接一切”。谁都必须连入互联网，接入的网络越大获得的价值越大。有人说过，现在一个白领大概有五件设备会接入互联网：手机、iPad、CD、家里电脑、办公室电脑。预计到 2020 年每个人可能有 1 000 件物品连入网络空间，包括眼镜、鞋子、背心、穿戴式设备……物联网未来有可能推动互联网经济跨越式发展。

延伸阅读：微软与梅特卡夫定律

微软的 Windows 操作系统是梅特卡夫定律的经典案例。微软每开发一套操作系统耗资巨大，虽然固定成本高，但是微软每多卖一套系统的边际成本几乎可以忽略不记。同时，微软系统有很高的用户黏性，使用者人数的增长，也会带动所有使用者获得的价值呈指数提升，而使用

① 资料来源：http://diy.pconline.com.cn/647/6474902_all.html#content_page_2.

者不需要为这种价值提升付额外费用，而且由于学习成本和转换成本的存在，消费者不会轻易改变而使用其他同质产品，因而微软产品已形成垄断，即使 linux 操作系统受到很多专业技术人员的推崇，仍然无法危及 Windows 的市场地位。因此，能大规模使用的物品，在有学习成本和转换成本存在的情况下，一般都适用于网络外部性，如淘宝网等。

（三）达维多定律

达维多定律是由曾任英特尔公司高级行销主管和副总裁的威廉·H. 达维多（William H. Davidow）提出的创新方面反映产品更新的新规律。达维多认为，“进入市场的第一代产品能够自动获得 50%的市场份额”“企业必须在本行业中第一个淘汰掉自己的产品”。达维多定律告诉我们：企业只有不断创造新产品，及时淘汰老产品，使成功的新产品尽快进入市场，才能形成新的市场和产品标准，从而掌握制定游戏规则的权利。要做到这一点，前提是要在技术上永远领先。企业只能依靠创新所带来的短期优势来获得高额的“创新”利润，而不应试图维持原有的技术或产品优势，这样企业才能获得更大发展。达维多定律认为，处于竞争中的企业都在争夺进入市场的先机，因为这样才能获得更大的市场份额和高额利润。

延伸阅读：英特尔公司的达维多定律

英特尔公司一直都非常推崇达维多定律。英特尔公司始终是微处理器的开发者和倡导者，它的产品不一定是性能最好的和速度最快的，但一定是最新的。为此，它不惜淘汰自己哪怕是市场上卖得正好的产品，从而把握着市场的主动，把竞争对手甩在背后，把供货商和消费者吸引在周围，引导着市场，也掌握着市场。

半导体是个高精尖技术密集型行业，企业要想在其中站稳脚跟并做大，拼命砸钱搞研发、掌握核心科技是必不可少的。一项针对三大芯片生产厂商研发投入的调查结果表明，英特尔的季度研发投入 2011 年就超过 15 亿美元，比其他两家一年的总和都高，而且还在一直不停地增长，如今已经逼近 30 亿美元。相比之下，2011 年 NVIDIA 每季度的研发投入只有 2 亿美元左右，但此后一直在连续增长，如今已经接近 3.5 亿美元。而 AMD 则是完全相反，四年前每季度的研发投入还高达 3.75 亿美元左右，2013 年开始就明显减少，现在更是还不到 2.4 亿美元。正是依靠高投入，英特尔才能保持行业领先地位。达维多定律影响了很多互联网企业，然而，这一定律意味着企业必须要投入较高的研发成本，对于行业领军企业的作用更为显著。

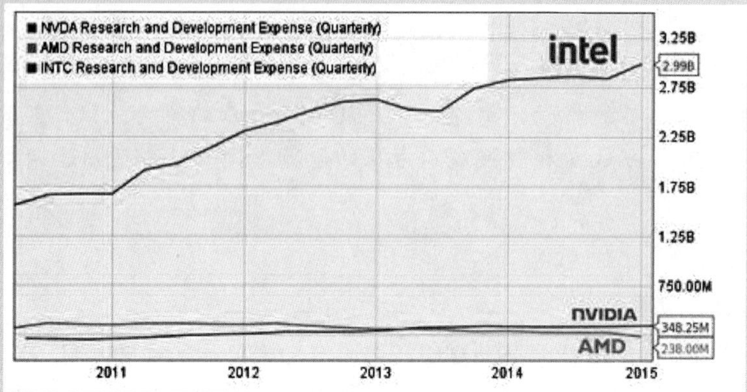

数据来源：http://ycharts.com/companies/NVDA/r_and_d_expense.

（四）马太效应和长尾理论

马太效应（Matthew Effect）是由美国科学史研究者罗伯特·莫顿提出的，反映了强者愈强、弱者愈弱的现象。这个名字取自圣经《新约·马太福音》一则寓言："凡有的，要加倍给他叫他多余；没有的，连他所有的也要夺过来。"马太效应最早是用来形容一种社会心理学现象，后来被广泛应用于社会心理学、教育、金融以及科学领域。

互联网经济中，马太效应主要用来反映信息活动中相对地位变化。在信息活动中，在一定条件下，优势或者劣势一旦出现，就会不断加剧而自行强化，甚至产生赢者统吃的现象。"数字鸿沟"的扩大，就是这方面的一个突出表现。马太效应与19世纪末20世纪初意大利经济学家巴莱多发明的"二八定则"类似，都反映了在原因和结果、投入和产出，以及努力和报酬之间，存在着一种不平衡关系。

长尾理论 众多小市场汇聚可产生与主流大市场相匹敌的市场能量。

马太效应在互联网经济发展的初期还十分适用，然而，"长尾理论"（The Long Tail）的出现，给互联网经济发展提供了一种新的思路。所谓长尾理论是指，只要产品的存储和流通的渠道足够大，需求不旺或销量不佳的产品所共同占据的市场份额可以和那些少数热销产品所占据的市场份额相匹敌甚至更大，即众多小市场汇聚可产生与主流大市场相匹敌的市场能量。长尾理论由美国《连线》杂志主编克里斯·安德森在2004年提出，其根本是强调"个性化""客户力量"和"小利润大市场"。简单地说，就是赚很多人的钱，但从每个人身上只赚很少的钱。

延伸阅读：腾讯公司的长尾理论

腾讯公司的发展历程可以说是长尾理论和马太效应的经典案例。腾讯发展初期虽然依靠 IM 服务拥有了庞大的用户群，但一度遇到资金的巨大瓶颈，它创新性地将个性虚拟形象移植到 QQ 上，开发出 QQ 秀等一系列产品，利用人们喜欢攀比炫耀的心理和对小额消费较高的接受程度，获得了成功，再经由 QQ 之后推出的微信，其产品线从社交延伸至数字音乐、视频、阅读、新闻、游戏等。尽管马太效应和长尾理论思路截然不同，但都有其特有的理论前提和适用环境。腾讯在起步阶段，用户多，资金少，市场竞争不充分，长尾理论成为行之有效的解决方式；而发展壮大起来的腾讯，凭借其用户规模优势，不断兼并小型创新企业或产品，垄断优势愈加明显，已经成为互联网经济霸主。

（五）边际收益递增规律

边际收益递增

在知识依赖型经济中，随着知识与技术要素投入的增加、产出的增多，生产者的收益呈递增趋势明显。

边际收益递增（Increasing Marginal Revenue），也称边际效用递增（Increasing Marginal Utility），是指在网络化的知识经济模式中，随着知识与技术要素投入的增加、产出的增多，生产者的收益呈递增趋势明显。传统媒介环境遵循的是边际收益递减（Diminishing Marginal Utility）规律，即在一个以资源作为投入的企业，单位资源投入对产品产出的效用不断递减。

在网络时代，知识、信息是主要的资源，它与物质资料和能量资料完全不同，知识经济不同于高度依赖物质资料的传统经济，因此，经由网络化赋权的边际收益递增规律在知识经济时代的应用范围，比在传统时代要宽广得多。

第三节　网络与移动媒介

一、从 LAN 到 WLAN 再到 WI-FI

20 世纪 70 年代由以太网发展而来的局域网（LAN），是需要依靠线缆来联通某个区域内的多个工作站、个人计算机或者具有中央处理器或文件服务器的多个终端的。[①] 而网络技术的进步已经帮传统网络用户完美地解决了局域网的这一物理限制。

早在 1971 年，夏威夷大学的研究人员就创造了第一个基于封包式技术的无线电通讯网络——ALOHNET 网络，这是最早的无线局域网（Wireless Local Area Network，WLAN），但一直到 1997 年，美国电气

① 帕夫利克．新媒体技术——文化和商业前景［M］．2 版．周勇，张平锋，景刚，译．北京：清华大学出版社，2005：100.

与电子工程师协会（IEEE）提出无线标准 IEEE 802.11，真正意义上全球通用的无线网络通信 WLAN 才出现。也正是因为无线通信技术的发展，联网才实现了从“有线”到“无线”的跨越，联网的便捷性和随意性大大提高。

而如今，我们经常使用的 Wi-Fi（Wireless Fidelity）是无线网路通信技术的一个品牌，中文译为“无线保真”，由 Wi-Fi 联盟所持有。澳洲政府的研究机构 CSIRO 在 20 世纪 90 年代研发成功，并于 1996 年申请了无线网技术专利。简单来说，Wi-Fi 是可供在办公和家庭环境中使用的短距离无线技术，WLAN 时代是通过网络连接电脑，Wi-Fi 则是通过无线电波来连网。Wi-Fi 的技术支持无疑为移动互联网的发展增添了新的动力。

延伸阅读：《网络原住民》（节选）

约翰·帕尔弗里　厄尔斯·加瑟

生活中随处可见这样一些人：在地铁中坐在你对面的少女，携带着 iPod，往手机里频繁地输发信息；暑期到你办公室里实习的神童，在你给濒临破产的客户发邮件时他想知道自己该做些什么；8 岁小孩玩市场上任何一种电子游戏都能赢你，并且玩的速度比你快得多；你虽然从未见过住在伦敦侄女的新生儿，但你仍然与她保持着某种联系，她每周都有一组新照片发给你。

我们把他们称为“数字原生代”（Digital Natives）即网络原住民，或网虫。他们出生在 1980 年以后，这时社会上的数字技术，诸如 Useset 和 BBS 系统陆续在网络上出现。网虫可以使用网络化的数字技术，同时还具有使用这些技术的技能（除了婴儿以外，她很快也会学到）。

……

你所了解的有一件事可以肯定：这些孩子是与众不同的。他们学习、工作、写作及相互交往的方式与我们以往的方式截然不同。他们读的是博客而不是报纸。他们真正见面之前经常是在网上相见。他们可能不知道图书卡为何物，甚至连见都没见过；恐怕即使有也从来没用过。他们经常不付费就从网上非法下载音乐，而不是在唱片商店购买。他们更喜欢发即时信息（IM）而不是打电话来安排下午的约会。他们在网上从虚拟的“尼奥宠物站”（Neopets）领养宠物，而领养的却不是真正的小狗。他们靠共同的文化来维系彼此间的联系。他们多方面的生活，如社会交往、交友和公民活动等都是靠数字技术进行的。

二、 移动互联网时代正在来临

互联网发展到今天，相比世纪之初又有了质的变化。

（一） 从 1G 到 NG：移动通信网络的发展

手机作为通信设备，是最具代表性的移动终端。1973 年摩托罗拉工程师在发明“大哥大”的时候，人类已经进入了1G网络时代，它以模拟制式手机为载体，通过频率的调节来实现通话网络的畅通。

到20世纪80年代后期，“大哥大”很快就被以GSM和CDMA制式为主的数字手机取代，此时的手机有了支持上网的WAP服务。2G移动通信时代持续的时间更为长久，《2012年第二季度百度移动互联网发展趋势报告》显示，直到2012年第二季度结束，2G网络仍然是中国移动互联网的主流接入方式。

2008年5月，国际电信联盟正式公布第三代移动通信标准，其中包括中国提交的TD-SCDMA标准、欧洲的WCDMA标准和美国CDMA2000标准。3G作为一项新兴技术，为移动网络用户带来了比2G时代浏览网页更为丰富的信息服务，比如视频播放、电子商务等。此时触屏、智能手机也开始面世。

在接下来不到5年的发展中，移动通信网络更是发展到了4G时代，5G也开始被人们提及，它们都拥有比前一阶段更快的网路速度，所支持的网络服务也更为多样。智能终端的发展对移动网络提出了更高的要求，我们可以预见移动互联网在智能终端这个大平台上的无限未来。

（二）社交传播的新形态

当互联网进入所谓的Web2.0时代，也就进入了一个网络化的新阶段——社会化网络服务（Social Network Service，简称SNS）阶段，社交传播呈现出强大的发展动力。在21世纪的头几年，社交传播服务平台及其应用如雨后春笋般涌现出来，成为影响接下来十多年互联网发展走向的重要存在。

2004年2月，在哈佛大学的一间学生宿舍里，马克·扎克伯格创立了一个社交服务网站——Facebook，它是世界排名领先的照片分享站点，截止到2015年8月28日，Facebook的单日用户量已突破10亿。

2005年2月，视频分享网站YouTube在美国加州圣布鲁诺诞生。YouTube创办原意本是为了方便朋友之间分享自拍的视频段落，但它迅速成为全世界的网络用户上载、观看及分享视频短片的狂欢之地，并推动形成了网络视听新媒体发展的新趋势。

2006年Twitter作为微型博客网站的风靡，以及2011年微信的崛起与狂飙突进，都向我们展示了平台分享的创新和社交媒介的连接性所引发的新一代的网络化的知识启蒙与传播革命的未来。UGC（User Generated Content，用户内容生成）也由此走上媒介科技史与文化传播史的历史舞台，进入新媒体知识革命的新时代。

（三）未来网络的想象与愿景

如今，可穿戴设备、芯片技术、传感器、云计算……这些新鲜的词汇方兴未艾，网络技术的创新已早早走在了前头。计算机、互联网与生物技术的结合正呈现出智能媒体与网络共同进化的可能。

2000年，芬兰首都赫尔辛基市政府联合高科技公司Arcus Software等开始启动“虚拟赫尔辛基计划”（Helsinki Arena），该计划企图将这座城市完全建立在网络中，居民日常生活都可以通过网络得到最快速便捷的服务，而外国人也可以在网络中进行一个虚拟的赫尔辛基之旅。整个计划依赖当时先进的 3D 技术以及居民家中宽频上网条件。这就是人类对“智慧城市”最早的想象。

2010 年，IBM 公司正式提出了“智慧城市”愿景，并开始在世界各地进行试点。中国也在 2014 年 8 月正式印发了《关于促进智慧城市健康发展的指导意见》。21 世纪打开了一个让网络全面而深刻地融入社会的时代之窗。人们将有可能通过运用信息和通信技术手段综合规划网络、智能城市，为人类创造更美好的城市生活。

延伸阅读：智慧城市——韩国松岛新城

松岛新城在距离韩国首都首尔不到 65 公里的海域上拔地而起，是专门为打造智慧城市而兴建的填海造陆城市。这座城市由思科公司提供全部的网络技术支持，它的社区、医院、公司和政府机构将实现全方位信息共享；数字技术深入住户房屋、街道和办公大楼。“这里的所有空间都会用网络和高科技控制系统联系起来。在这里将有智能家、智能商店、智能学校、智能医院和智能银行。所有的日常杂事都能依靠高科技 IT 技术帮你自动完成。”

互联网＋ “互联网＋”就是互联网与社会经济领域各生产要素“相加”，即让互联网与传统行业深度融合，重构、再造新

互联网进入中国不过是 20 多年前的事情，而对于这个幅员辽阔、人口众多的发展中国家而言，互联网的发展更多还是放在了产业融合与创新上。“互联网＋”概念的第一次提出，是 2015 年 3 月 5 日李克强总理在政府工作报告中谈到要全面制定“互联网＋”行动计划。7 月，国务院发布了《关于积极推进“互联网＋”行动的指导意见》，“互联网＋”一时成为中国未来网络和经济发展的指路明灯。

第四节 网络化的社会与个体

一、 网络公共空间

由于其网络属性，互联网为政治联系、动员和行为产生了新的可能性。① 我们先来看看政府与互联网互动产生的效果。20 世纪 90 年代以来，电子政务发展迅速。以互联网为中介的一种全新的政府治理与社会参与的新模式与新传播场域形成。从国内来看，通过互联网参与社会治理、推进社会发展的认识广被接受，人民在政治决策中所扮演的角色得到加强，人民参与国家与社会治理的热情高涨。

不可辩驳的是，互联网改善了政府、公共行政、代表、政治与社区组织和个体之间的政治信息的检索与交换。② 在很多西方国家，选举中的政党和候选人开设的竞选网站变得尤为重要，因为年轻选民大都“潜水”在互联网当中。

的发展业态。符号“+”既表示加入、融入，更表示升级换代、创新发展。“互联网+”既是一种新的思维方式，也是一种新的发展模式，更是一种新的经济形态。

摘自中国社会科学网。http://www.cssn.cn/yyx/yyx_tpxw/201512/t20151216_2783970.shtml.

延伸阅读：互联网时代的美国大选

1933 年，美国总统罗斯福利用当时最先进的手段——广播打赢了总统选举；1960 年，美国总统肯尼迪用电视辩论赢得总统大位；2008 年，奥巴马用互联网赢得了总统选举。奥巴马深知社交网络力量巨大，他幕后的团队更是好好地利用了一把互联网。

互联网营销专家克里斯·休斯在 Facebook 开设并经营着奥巴马竞选网站，该网站使奥巴马团队募集到了大量的捐款，促使人们拨打了大量的电话，组织了数以万计的助选活动……一系列的网络营销活动最终助奥巴马赢得了总统选举。

链接：纪录电影《白宫之路》。http://v.ifeng.com/documentary/figure/201007/54a91c15-d14e-486f-b16b-b0fb6 59 418a3.shtml.

链接：BBC 纪录片 *The Virtual Revolution*（《虚拟革命》）。

自网络发明后，20 年过去了。《虚拟革命》系列纪录片探讨了这几十年来网络带来的深远影响——无论好坏，数字革命如何改变了人类的生活呢？记者兼大学教师 Aleks·Krotoski 博士走访全球，研究网络改变一切的意义。纪录片第二集专门讲到互联网对政治的冲击性影响。

1. *The Great Levelling*（大平台）。

---

① 库尔德利. 媒介、社会与世界：社会伦理与数字媒介实践 [M]. 何道宽，译. 上海：复旦大学出版社，2014：115.

② 迪克. 网络社会——新媒体的社会层面 [M]. 2 版. 蔡静，译. 北京：清华大学出版社，2014：110.

2. *Enemy Of The State*（国家的敌人）。
3. *The Cost of Free*（免费的代价）。
4. *Homo Interneticus*（人类网络）。

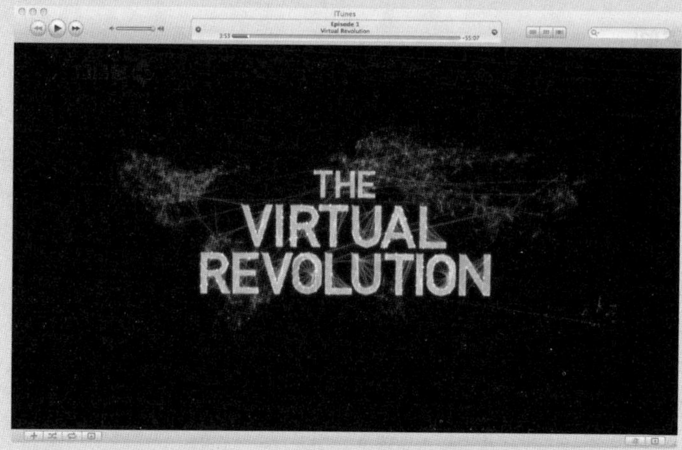

作品信息地址：http://www.bbc.co.uk/virtualrevolution/.

1978年在美国芝加哥诞生的第一个电子公告板系统（Bulletin-Board System，即BBS）为网络社区所铺设的“公共空间”的壮大打开了一扇窗。一开始，BBS的使用者就自发组成了自带标签的网络文化社群。

延伸阅读：BBS

BBS是电子公告板系统（Bulletin-Board System）的简称，是公告栏在网络上的呈现形式。BBS是主题式的，这些主题能满足人们各种讨论的兴趣。网络用户可以进入BBS查看他人发布的消息并回复，也可以自己发布消息等待别人回复。低价调制解调器和微机的普遍应用是使BBS快速发展，进而成为影响全球的网络社区的重要原因。

延伸阅读：水木清华BBS社区

1995年8月8日创立的水木清华BBS社区曾经是中国大陆最有人气的BBS之一，在很长一段时间里都成为中国BBS文化的代名词，代表着中国高校的网络社群文化。

2005年水木清华BBS转变为清华大学官方BBS。从其中分离出来的水木社区，在原水木清华BBS资源基础上成为商业网站，在当时中国大学生中仍然有较大的舆论导向作用。

图　在水木社区的登录界面，会显示网站实时的用户流量

网络文化对主流文化产生的最初的影响，可追溯到美国反主流文化代表期刊《全球概览》的创始人霍华德·莱茵古德（Howard Rheingold）将该刊搬运到网络。1985 年，“全球电子链接”（Whole Earth’ Lectronic Link，简称 WELL）上线，不仅成为虚拟社区中最早、最著名的典范，也成为反主流文化最早的网络试验田。

在用户们的眼中，WELL 不仅仅是一个会议系统，更是在新的虚拟社区复兴基于共同思想的反主流文化理想的一种途径。① 它划定了一个技术社区、反主流社区与新闻从业者社区相融合的电子边界，成为专业人士与反主流文化用户们制造舆论的网络共许之地。

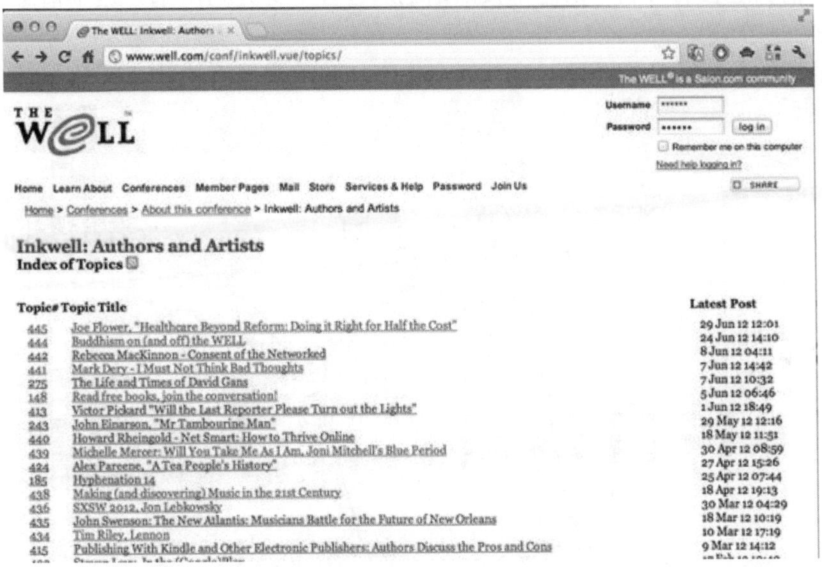

图 2-3 早期的 BBS 雏形，曾经的 WELL 的网站首页

二、网络化带来全球产业结构的重组

互联网对经济发展带来的影响，主要体现在两个方面。一方面，互联网的发明造就了全球信息产业的异军突起，互联网信息产业增加了整个信息产业的发展底气，成为世界经济结构的重要组成部分，也深深影响着世界经济的走向。另一方面，互联网引发了其他产业生产方式、生产关系及生产要素的重新组合、建构。传统的供需链和产业格局正面临互联网赋予它们的改变与重塑，全新的经济发展模式和产业生态正在发酵。自然，这些变革也会带来新的思考议题。

互联网创造的这种“新经济”曾在 1999 年流行一时，这个说法既指出了信息通信技术商业的发展，也表明其他商业（所谓的旧经济）向日益使用计算机技术和网络通信公司

① 特纳．数字乌托邦——从反主流文化到赛博文化［M］．张行舟，等，译．北京：电子工业出版社，2013：149.

的转变，同时，它还意味着一种完全不同于旧经济的方式工作。[①] 如今，网络信息经济为人们津津乐道，它不但具备了传统信息产业的那些特点，更重要的是，它还带来了两个新的网络经济特征。[②]

第一，价值链转换。简言之，就是消费者给出需求信号，生产商才作出生产反应。供应与需求关系发生了转换。在网络上，消费者可以进行价格比较，而且可以组织购买者群组来降低价格和修改条件，生产商也因此获得了大批购买订单。此外，生产商还拥有了更多展示自己的机会。

第二，价值链的继续分化和非物质化。不论是物质产品还是非物质产品，所有关于生产、分配和消费过程的可利用信息都被渐渐地从过程本身分离出来，这个信息被电子处理并分开销售。

网络经济的新特征已经开始对全球媒介生态、政治及经济模式、文化与社会行为产生深远的影响。

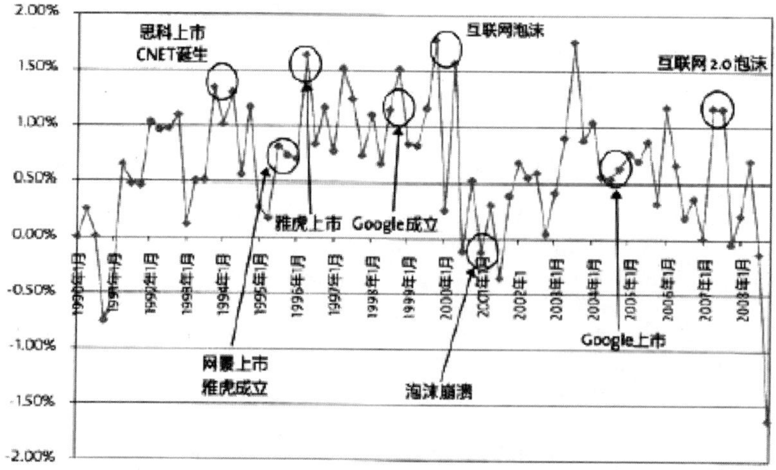

图 2-4[③] 美国 GDP 增长与互联网的关系

每一次美国 GDP 峰值或增长走势的出现，都伴随着一个互联网科技公司的诞生或发展。

延伸阅读：《互联网时代》系列纪录片第三集《能量》

互联网是全球共同面对的课题，纪录片《互联网时代》站在人类社会的高度，以国际化的视野来观察一个时代。其中第三集《能量》对比传统工业时代和互联网时代，解析互联网如何改变、解构原有的价值链条和产业格局，创造全新的产业生态和经济模式。

① 迪克．网络社会——新媒体的社会层面［M］．2 版．蔡静，译．北京：清华大学出版社，2014：81.
② 迪克．网络社会——新媒体的社会层面［M］．2 版．蔡静，译．北京：清华大学出版社，2014：83.
③ 吴军．浪潮之巅［M］．2 版．北京：人民邮电出版社，2013：443.

当然，互联网带来的效率变革，必然同时给人与机器的赛跑提出新的时代性命题。

作品播放地址：http://www.iqiyi.com/a_19rrhc0sx9.html? vfm=2008_aldbd.

三、网络安全及法规建设

从1988年发生莫里斯蠕虫事件以来，网络安全在大众的网络生活里就不再是一个遥远的词汇。1988年11月2日，美国康乃尔大学一年级研究生罗伯特·莫里斯（Robert Morris）在麻省理工学院主机上释放了一条仅有99行程序的“蠕虫”（Worm），但由于其程序计数上的缺陷，导致进入互联网的“蠕虫”繁殖力惊人。计算机在被“蠕虫”感染后，布兰登·科霍（Brendan Kehoe）在他的著作《禅宗和互联网艺术》一书中描绘道：

莫里斯蠕虫 莫里斯蠕虫又称为互联网蠕虫，是通过互联网传播的第一种蠕虫病毒。

“罗伯特·莫里斯很快发现‘蠕虫’病毒程序以一种比他的预计快得多的速度进行自我复制和感染机器——原因是程序中有缺陷。最终，遍布全国的许多机器要么崩溃，要么像是‘患了紧张症’。当罗伯特·莫里斯认识到事情的严重性时，他与在哈佛的一个朋友联系并讨论解决的办法。

“最后，他们从哈佛向整个网络发了一封匿名信，指导程序员们如何杀死‘蠕虫’病毒以及如何防止被感染。”

但一切都晚了，“蠕虫”事件最终导致15.5万台计算机和1 200多个连接设备无法使用，许多研究机构和政府部门的网络陷于瘫痪，经济损失巨大。莫里斯蠕虫的全网爆发，彻底重写了互联网黑客的科技自由主义和探索精神的浪漫历史，黑客伦理从此也沉沦于技术摧毁与无政府主义的网络化内爆的狂潮之中，计算机病毒步入主流，网络安全成为全球互联网疆域中的共同主题。

计算机病毒 (Computer Virus) 计算机病毒在《中华人民共和国计算机信息系统安全保护条例》中被明确定义。计算机病毒指“编制者在计算机程序中插入的破坏计算机功能或者破坏数据，影响计算机使用并且能够自我复制的一组计算机指令或者程序代码”。

链接：美国发生“蠕虫计算机病毒”事件

链接：http://www.todayonhistory.com/11/2/MeiGuoFaSheng-RuChong-JiSuanJiBingDu-ShiJian.html.

网络法规、伦理及网络素养教育是关乎网络健康发展、网络空间清朗与新时代网民素质养成的重要内容。我国自 2006 年出台《信息网络传播权保护条例》以来，开始逐步摸索建立互联网法律体系，寻求由法律、行政法规和部门规章组成的三层级规范体系的中国模式，试图在混乱、多样态的全球互联网环境中探求到一条适合中国互联网发展的网络空间法治化道路。这一努力是和全球互联网法治化探索同步进行、命运关联的。

2016 年，《中华人民共和国网络安全法》实施，该法凸显“网络主权”“国家安全”与“网络安全”等概念，这些概念不仅是中国网络发展中出现的新问题，也是全球互联网治理需要面对的核心问题。

防火墙（Firewall） 防火墙是用于保护网络链接不受非法访问的安全工具。它既可以是硬件也可以是软件，或两者的结合。尽管防火墙可以有效地保护政府、商业和私人网络链接，但它仍只能作为整个安全措施中的一个环节。

延伸阅读：斯诺登“棱镜门”事件

2013 年 6 月，美国中情局（CIA）前职员爱德华·斯诺登将两份绝密资料交给英国《卫报》和美国《华盛顿邮报》。2013 年 6 月 5 日，英国《卫报》率先出击：美国国家安全局以代号为“棱镜”（PRISM）的秘密项目来实施自 2007 年小布什时期起就覆盖全球的绝密网络监听计划。

6 月 6 日，美国《华盛顿邮报》随后披露，美国国家安全局和联邦调查局曾在 6 年的时间里，通过进入微软、谷歌、苹果、雅虎等九大网络巨头的服务器，监控美国公民的电子邮件、聊天记录、视频及照片等秘密资料。全球舆论随之哗然。

链接：纪录片《第四公民》。http://www.iqiyi.com/v_19rro1na44.html.

该片高度还原“棱镜门”事件始末，揭秘了身处漩涡中心的爱德华·斯诺登。

斯诺登“棱镜门”事件后，联合国人权理事会于 2013 年 11 月 26 日通过了一项保护网络隐私权的决议。尽管国际社会从制度规范层面开始关注网络隐私权，但制度规范是否能够真正起到作用尚未可知。

链接阅读：

贼喊捉贼：美国政府“棱镜门”事件。http://world.people.com.cn/GB/8212/191606/365214/365215/index.html.

互联网走向大众化，同时引发了丰富的网络上传和下载行为。音乐、视频、文档、软件程序……凡是可供多人分享使用的媒介内容的网络分享，虽然创造了丰富的网络文化，但也形成了强大的灰色潮汐。网络知识产权保护成为一个让人有意忽略的存在。未经版权许可的网络作品即通常意义上的“盗版”，不仅侵害了创作者的利益，影响知识产权行业收入，还造成了网络世界的无序。

下载（Download） 下载与上载（Upload）相对，是指把信息从互联网上传输至电子终端的过程。它包括WEB、BT、P2SP三种下载方式，其中WEB下载可以采用HTTP和FTP两种不同的传输协议。下载速度与下载方式、服务器运行速度以及资源本身的大小等都有关系。

延伸阅读：网络规则

“网规”英语单词为Netiquette，是“Internet Etiquette”或“Network Etiquette”的缩略语。随着互联网自身的发展，人们对网络规则的需求也更为迫切。最早出版的网络规则指南之一是《*Usenet Community* 行为规范入门》，这一指南同其他许多指南一样，是在互联网上而不是以纸质版的形式存在，至今依然定期更新。网络规则主要是由社区或服务提供商来强化的。

《新媒体百科全书》对网络规则的概括如下：①潜水；②阅读FAQ；③牢记以人为本；④避免过激行为；⑤不要大喊大叫；⑥并非家庭作业中心；⑦创作协议；⑧交叉发布信息需谨慎（即同一个内容发布给一个以上群体）；⑨不要发送垃圾信息；⑩格式要简单。

Napster曾是最受欢迎的音乐分享网站，一度上线100多台服务器，其用户可以分享近200万首免费的MP3音乐文件。1999年，世界5大唱片公司联合起诉Napster，称其公然侵犯其唱片版权。而美国1998年颁布的《千禧年数字版权法案》明确禁止所有的非法文件网络共享。Napster最终大败，支付了高达2 000万美元的赔偿金之后，于2001年停止其免费服务。这是网络时代最早，也最具代表性的一起知识产权侵权案件。

延伸阅读：纪录片 *Downloaded*

这部纪录片讲述了音乐分享网站Napster的沉浮，以及两位创始人Sean Parker和Sean Fanning的故事。

知识共享（Creative Commons，简称 CC），也被称为创用 CC，也是一种创作的授权方式。此组织的主要宗旨是增加创意作品的流通可及性，将创意作品作为其他人据以创作及共享的基础，并寻找适当的法律以确保上述理念。知识共享试图在传统版权制和公共版权之间寻找到一条广大的、具有弹性的灰色地带，使得创作者可以“保留部分权利”地融入网络时代的知识分享的环境之中。知识共享提供多种可供选择的授权形式及条款组合，创作者可与大众分享创作，授予其他人再散布的权利，却又能保留某些其他权利。这些自由的版权协议的可能性与选择，不仅能保护作者发表在网络上的内容，同时也向其提供了描述协议的 RDF/XML 诠释资料，以利于电脑自动处理及定位，以求探索出一条适用于网络时代，但又能在不伤害创作的前提下，反击现代社会束缚创意的版权文化，以帮助音乐、书籍、视频、电影实现新型的共享式传播。迄今为止，知识共享已向全球网民贡献了近 31 亿件网络文化作品。

2015 年 7 月，我国国家版权局下发了《关于责令网络音乐服务商停止未经转授权传播音乐作品的通知》，结束了我国的免费音乐时代。这是国家对网络版权问题的正式表态，显示了中国政府对网络知识版权保护的态度和决心。

延伸阅读：《免费文化》第一部分《“盗版”的忧思》（节选）

被盗版的东西不计其数，盗版的形式也多种多样。其中最显著的一种就是商业性盗版——出于商业目的，未经他人授权就擅自使用他人的创作，尽管为这种行为辩解的人提出了诸多理由，但它仍然是错误的。任何人都不应当宽恕这种行为，法律也应该对其加以禁止。

我们今天也应该这样行事。网络技术的变化十分迅速，人们与网络连接方式（有线/无线）的变化也十分迅速。毫无疑问，网络不应该成为“偷盗”他人作品的工具，但是法律也不应当成为作者（或者更确切地说，发行商）获取报酬的一种方式。我在本书的最后一章中还会详细讲到——在保证作者权益的同时，我们应该允许市场以最有效的方式生产和传播文化内容。法律因此必须进行改变，至少在过渡期内应该这样。这些转变应该在法律保护和创新发明所带来的公共利益之间找到一个平衡点。

当一项新技术带来了传播方式的巨大改变时，这种需要就显得尤为迫切。而 p2p (Peer-to-Peer) 技术已经带来了这种转变，它十分完美和高效地实现了网络间内容的大规模转移。如果继续发展下去，它将大大提高网络的使用效率。然而，如约翰·施瓦茨 (John Schwartz) 在《纽约时报》中所指出的那样：这些“潜在的公共收益”可能会因为围绕 p2p 技术的斗争延期到来。①

本章小结

一、网络化是 20 世纪中叶以来，随着互联网技术的全球化普及，以万维网为基础的

① 莱斯格．免费文化［M］．王师，译．北京：中信出版社，2009：43.

全新的社会组织、结构、互动模型，深刻影响了政治、经济、社会、文化与个体经验关系模式，更重塑了信息传递、知识分享、社交互动等人类传播行为。

二、网络化的特点：开放性、共享性、交互性、虚拟性。

三、20 世纪的最后 10 年，互联网市场孵化席卷全球，美国硅谷成为汇集早期互联网梦想家、投机人和创客们的新家园，并化身为科技创业公司之家的代名词。雅虎、谷歌、苹果、惠普等公司都是在世纪末的科技漩涡中茁壮成长起来。

思考与研讨题

1. 什么是网络化？网络化有什么特征？
2. 互联网时代是如何到来，并影响社会的方方面面的？
3. 思考你在网络化进程中扮演了什么样的角色。谈谈你对互联网的总结与反思。

Chapter 3
第三章　移动：理念、实践与创新

- 移动的理念
- 移动的发展历史
- 移动的文化实践
- 移动新闻的创新与传播

第一节 移动的理念

移动/移动性（Mobility，Mobilities）是现代社会的人际互动与传播行为的一种独特表征。从社会关系与社会构成的角度审视，人和物在社会的关系网以及种种社会系统、组织机构的功能图谱中穿梭、互动、交往，满足了人类主体性中的移动需求。即使在前现代时期，传播史也记载了丰富的个体流动、族群搬迁、家庭移居、城邦迁移的人类经验。

20 世纪 90 年代以降，移动/移动性占据了新媒体传播研究的核心关键词位置，并开始从朴素的社会结构与个体行为的分析中挣脱出来，逐渐延伸向数字与网络传播行为研究的另一个维度，即人的移动性与机器/电脑/网络的移动性相互融合，呈现出一种全新的传播特征。

曼纽尔·卡斯特将网络社会所呈现的时空结构描述为一种“移动空间”：信息社会的形态本质就是“移动”，移动形成了一种全新的“空间逻辑”，同时对资本、信息、技术、组织性互动、影像、声音和象征等均产生了影响性的变迁动力，并将支配人类社会的经济、政治与象征生活过程的表现。社会学家约翰·尤瑞（John Urry）更是将“移动”提升至新时代社会变迁的新高度，他认为在边界日益淡化的当今世界，社会作为传统社会学研究的基础已经过时，取而代之的应是对物质（Physical）、想象（Imaginative）、虚拟（Virtual）、移动（Movements）的研究。①

以计算机为中介的传播（Computer-mediated Communication）简写为 CMC，是指以两个或多个数字终端为信息连接与交换中介而产生的人类传播行为。②

移动性也不再仅仅是人们所构想出的乌托邦式的、互动传播中的一种想象，它超越了粗糙的“去形体化”的传播行为研究，即现实情境中的个体被约束在电脑前及网络环境中，数字化的网络身份承担了较为主要的传播行为。它也超越了初期基于有线网络的、“不可移动的”以计算机为中介的传播（Computer-Mediated Communication），而为未来的新媒体提供了一种思维模式，那就是关联的、参与的、连接的、开放的、即时的。

移动性为我们提供了一种全新的、动态化理解新媒体社会的方法。技术赋权使得移动性开始延展向社会生活的方方面面，小到人们日常生活的沟通交流，大到国家间的政治经济交往。可以说，移动性以全新的新媒体思维寻找与世界关联、参与世界的新方法，并向人们提供了理解世界的新方式。

① Urry J. Sociology beyond societies：mobilities for the twenty-first century［M］. London：Routledge，2000：49-76.
② 麦奎尔. 麦奎尔大众传播理论［M］. 伦敦：伦敦塞奇大学出版社，2005.

延伸阅读：Mobility 与移动

Mobility 被翻译为移动，然而此“移动”却很可能与 Movement、Motion、Flow 等词语混淆。后者通常指的是空间意义上的位置移动，而 Mobility 则为“移动性”，强调的是现代社会，尤其是数字社会的一种构成与传播特征，而非简单的物理与个体移动。

移动性是一个涉及领域非常广泛的概念，本章从现实角度出发，着眼于信息科技的发展给社会所带来的剧变，重点讨论数字化、信息化社会的移动性，即信息技术的迅猛发展给社会结构、社会关系以及人们理解和参与社会的方式与能力所带来的巨大改变。

移动性最主要的现实链接与物质表现就是移动互联网。

中国工业和信息化部电信研究院发布的《中国移动互联网白皮书（2011）》对移动互联网的定义是：“以移动网络作为接入网络的互联网及服务，包括 3 个要素：移动终端、移动网络和应用服务。”该定义明确指出移动互联网的要素包括：①移动终端，包括手机、专用移动互联网终端和数据卡方式的便携电脑；②移动通信网络接入（2G，3G，4G 等）；③公众互联网服务，包括 Web，WAP 方式。移动终端是移动互联网的前提，接入网络是移动互联网的基础，而应用服务则是移动互联网的核心。

移动终端与应用服务的合作与普及，推动了移动传播的大繁荣；它们不仅保持了传统数字终端带来的信息多样性与互动性，更进一步增强了信息传播的即时性、便捷性。文字、语音、图片、视频等多种形态的媒介内容都可以在移动互联网的支持下，在信息高速公路上畅通地流动。

由于信息的聚合与随意性、专业与非专业的混搭、多媒体文本的融合，移动互联环境下的传播行为呈现出一种复合和整合传播形态。用户在使用移动传播的实践过程中包含了人际传播、大众传播、组织传播等多种模式；移动传播使得用户可以随时、随地进行内容的生产、再传播，将自己置放在消息的兴趣圈中，尝试建立起不同程度的联接，在媒介窄播中完成个性化的订制，可以将获取的信息随时随地地分享出去，也可以将自己的感想、评价、位置等信息以各种形态传递出去。极具发散性的移动传播不仅保证了信息的高速传播，同时也造成了一种自媒体、碎片化时空与传受的噪音。

生产者与消费者身份的统一在阿尔文·托夫勒（Alvin Toffler）的《第三次浪潮》中就已经确认。现在，移动对此关系进行了更新与放大，使得信息读写的鸿沟逐步消融，并且使得移动传播更加复杂，不再像过去那样自上而下地界定命题。移动让传播依托于随手可触的设备和密布的软件，彻底内化为人们日常生活实践的重要环节，在各个领域发挥出其独特的作用，影响着人们的交往行为和互动方式。

延伸阅读：《中国移动互联网白皮书（2011 年）》（节选）

移动互联网目前已经成为信息产业当中发展最快、竞争最激烈、创新最活跃的领域，并给信息产业中的主要领域带来巨大的影响。

移动互联网让互联网进入新的产业周期。一是互联网的接入终端形态发生变化，并成为产业的基本要素……人们接入互联网的主要方式发生变化，而移动终端的独特性让移动互联网改变了互联网产业的基本要素——终端成为关键环节，谷歌以智能终端操作系统 Android 而非 Chrome（所谓 Web 操作系统）为支点发起了移动互联网业务的竞争。二是互联网业务的发展重心、用户消费方式和业务组织模式发生了重要变化。互联网业务及信息逐步从以 PC 为中心转变为以手机为中心。在业务的爆发性发展下，以应用程序为中心的应用商店模式改变了用户使用、购买互联网服务的方式，让应用程序与浏览器平分了用户的业务入口；在业务组织方面，应用商店的影响更为深远，其改变了互联网业务的开发、提供和产业链组织方式，以苹果、谷歌公司应用商店的爆炸性成长为代表，形成了以终端和互联网为中心、基于接口开放和开发者广泛参与的新的互联网业务模式。移动互联网跨越了产业之间、产业链上下游之间的壁垒，让互联网公司、消费电子公司、电信运营商、终端厂商甚至芯片厂商之间形成短兵相接的竞争，其融合效应远远超过目前所有已知的产业融合，如固定与移动融合、三网融合，让互联网延伸至更广泛的领域，产生更深远的影响。

移动互联网让移动通信产业发生颠覆性变化，使其基本的业务模式、商业模式和资源发展模式受到巨大冲击。应用商店模式成为移动通信（数据）业务的主导业务模式，以 I-Mode 和移动梦网为代表、以移动网络为中心的封闭花园模式被颠覆和超越，电信运营商在通信领域仅存的贴近用户和理解用户感知的优势被颠覆，在新一轮的浪潮中逐渐被边缘化；不仅如此，移动运营商的命脉业务移动话音正在受到破坏性创新的威胁——移动终端的融合性让移动 VoIP、移动即时消息与互联网服务融为一体，正在替代基本的移动通信业务，电信运营商原有的商业模式受到巨大冲击；同时，移动互联网带动了移动网络流量的爆炸性增长，导致无线网络资源加速消耗和服务质量的急剧下降……

移动互联网推动了移动终端产业的跨越式发展，使其终端能力、形态、与服务的关系都发生巨大变化。移动智能终端产业链在移动互联网的驱动下迅速进化。在谷歌 Android 影响下，移动终端操作系统开源、开放和免费的趋势风靡，极大地调动了开发者、硬件厂商的参与热情，终端系统软件、硬件适配成本大幅度降低，低端移动智能终端的成本迅速降低到 100 美元以下。

移动互联网改变了人们生活、学习甚至工作的方式。从人与终端的交互方式（如多点触摸）到终端对环境的感知能力（远远超过 PC 的多样化传感能力），从数十万个满足长尾需求的应用程序到能力飞跃提升的智能终端和平板电脑，从人与人之间的基本通信（移动 VoIP、即时消息）到基于社交网络的信息流动（如微博），移动互联网带来全方位的变革与冲击，并逐步从个人和家庭延伸到商业计算领域。由于移动终端的普及率远高于 PC，因此移动互联网的发展将大大加快整个社会，特别是边远乡村的信息化进程。

综上，移动互联网改善了整个社会使用 IT 技术的基本方式，扩展了虚拟世界和现实世界的互动方式和情境，改变了信息社会的发展图景，并带来新一轮 IT 技术和业务发展浪潮。移动互联网成为信息产业发展新的周期已经成为共识。

第二节　移动的发展历史

移动的发展与移动互联网、移动终端及应用的发展息息相关。移动终端的发展为人们提供了全新的参与社会的方式。

一、移动终端

移动终端是方便携带的移动通信设备，目前主要指的是具有多种应用功能的手机、笔记本和平板电脑等。自 2007 年起，智能化被视为移动终端历史上的创新性突破，也随之带动了互联网产业的颠覆性发展。配合日益更新的处理技术与移动通讯网络，移动智能终端已经成功地融合了通信、商务、娱乐等多项功能，并渗透到人们的日常生活之中，在方方面面改变着人们的生活、观念与行为。

二、移动终端的发展演进

（一）从电话到手机

延伸阅读：《拇指文化：手机对社会的意义》（节选）手机是什么？

它（手机）是一种强化个人身份感的物神话（Fetishized）对象。它是一种改变我们处理事务方式的有革新能力的技术。它是一种改变我们管理时间与空间的方式的手段。它是一种发送文本信息的工具。它是一种我们掌中的超级计算机，可以执行比阿波罗飞船更为复杂的计算机任务。①

电话的发明允许人们跨越空间完成信息的沟通与交流，极大地提高了办事效率，密切了人际关系。然而，由于技术问题，电话的覆盖范围并不广泛，人们也因此更希望能够打破线路的桎梏，拥有便携的移动通信设备。

1902 年，美国肯塔基州的农民内森·斯塔布菲尔德（Nathan Stubblefield）在自己的果园里竖起一根高 120 英尺的天线，利用磁场将语音从一部手机传输到另一部手机里，制成了第一个无线电话装置。这部可无线移动通信的电话就是人类对“手机”技术最早的探索研究。尽管这部电话内线圈所需的电线总量比连接它们的线还长，但这项发明的确具有可以移动的优点。

1938 年，美国最大的通信公司贝尔实验室为美国军方制成了世界上第一部“移动电

① PETER G, STEFAN B, CHRIS L, et al. Thumb Culture: the meaning of mobile phones for society [M]. Bielefeld: transcript verlag, 2005.

话”。但是该设备较为庞大，使用时必须有一人背天线及电台。

1973 年 4 月，美国著名的摩托罗拉公司工程技术员马丁·库帕（Martin Cooper）发明了世界上第一部推向民用的手机，马丁·库帕从此也被称为现代“手机之父”。6 年后，日本电信电话株式会社发布了第一代蜂窝移动电话网络（1G）。

图 3－1　内森·斯塔布菲尔德与无线电话

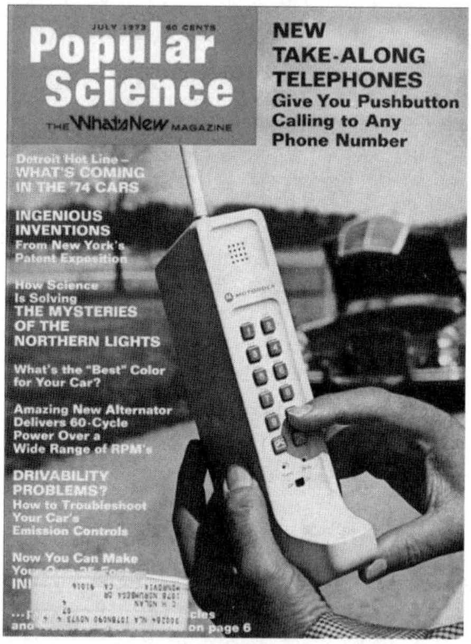

图 3－2　1973 年《大众科学》封面：人类第一部移动电话

1983 年 10 月 13 日，Ameritech Mobile 公司总裁鲍伯·巴内特（Bob Barnett）拨通了世界上有史以来第一个商用手机电话，从此地球进入便捷的信息时代。他使用的 DynaT-AC 8000X 重 2 磅，通话时间半小时，销售价格为 3 995 美元，是名副其实的最贵重的砖头。这也就是我们常说的“大哥大”的雏形。

1987 年，第一台手机进入中国，型号为摩托罗拉 3200，造型与 8000X 十分相近，中国人称之为“大哥大”。

这种第一代手机只具有语音通话功能，且形态单一。之后的 2G 手机除了具有稳定的通话质量和合适的待机时间外，还支持短信、邮件、上网、拍照等功能。随着短信服务的流行，诺基亚开始崛起。短信服务将手机带入全键盘时代。而第三代手机，一般地讲，是指将无线通信与国际互联网等多媒体通信结合的新一代移动通信系统。它能够处理图像、音乐、视频流等多种媒体形式，并提供网页浏览、电话会议、电子商务等多种信息服务。

智能手机是当今手机发展的主流。智能手机具有独立的 CPU 和操作系统，允许用户自主安装应用并由此拓展其他功能。摩托罗拉在 1999 年推出的 A6188 手机被认为是智能手机的鼻祖，同时也是全球第一部具有触摸屏的手机。

全球移动通信系统协会（GSMA）2017 年公布的报告指出，全球手机用户人数将突破 50 亿人。这一预测被验证。截至 2021 年 1 月，全球手机用户数量达到 52.2 亿，互联网用户数量为 46.6 亿，而社交媒体用户数量为 42 亿。

手机已然演变成一种全功能、移动性手持计算机终端，允许用户生产、传输、接收各种形式的数字化信息。其智能化、移动化的发展，更引发了强大的科技创新动力、文化影响与社会心理的互动，形成数字鸿沟研究的新领域。在智能手机领域领衔群侪的 iPhone 即是一例。[①]

延伸阅读：第一部手机的诞生

1973 年 4 月 3 日，位于纽约曼哈顿的摩托罗拉实验室里爆发出一阵阵热烈的掌声。

“我们成功了！”实验室里的研究人员欢呼雀跃。研究团队的领导者马丁·库帕（Martin Cooper）举着他们的研究成果——世界上第一部手机，激动地问道：“我亲爱的朋友们，我现在就要走上大街，用这部手机给一个人打电话，你们猜是谁？”“您的家人？”“您的朋友？”在场的人纷纷猜测。“不，你们都猜错了。”库帕神秘地笑着。随后，他走出实验室，来到曼哈顿的大街上。从他身边经过的人，无不停下脚步，盯着他手上那个没有线的电话，驻足观望。在此之前，人们从来没见过没有绳子的电话。在众人的注视下，库帕按下了一串电话号码。电话通了，那头传来了一个男人的声音：“这里是尤尔·恩格尔（Joel Engel）。”库珀兴奋地用几乎颤抖的声音说道：“尤尔，我正在用一个真正的移动电话和你通话，一个真正的手提电话！”手机那头沉默了。接电话的不是别人，正是库珀长期以来的竞争对手——贝尔实验室的一名科学家尤尔·恩格尔。库帕手上拿的正是世界上第一部手机 Dyna TAC。和今天的手机相比，这部手机显得又笨重又误事，仅有拨打和接听电话两种功能。可在当时，这部手机的诞生意味着一个新时代的开始——无线通信的诞生。

延伸阅读：iPhone

iPhone 是苹果公司研发的智能手机。它搭载 iOS 操作系统。第一代 iPhone 于 2007 年 1 月 9 日由苹果公司前首席执行官史蒂夫·乔布斯在数字世界研讨博览会上发布，并在 2007 年 6 月 29 日正式发售。由于刚推出的 iPhone 上市后引发热潮，销情反应热烈，部分媒体将其誉为“上帝手机”。维基百科对 iPhone 作了这样的定义：

图　美国苹果公司前 CEO 史蒂夫·乔布斯

“iPhone 是一款智能手机，其用户界面围绕多点触控的屏幕

---

① 洛根．理解新媒介——延伸麦克卢汉［M］．可道宽，译．上海：复旦大学出版社，2012.

图　2007 以来，iPhone 以每年更新的速度不断推出新机型

展开，具有 Wi-Fi 功能，可连接蜂窝网络。iPhone 拥有拍摄视频与图片、播放音乐、收发邮件、浏览网页、发送信息……可视语音等功能。其他功能可以通过下载应用程序实现。”

iPhone 自其研发伊始，就呈现出较好的用户体验，而其与应用商店的结合更是让 iPhone 在应用方面占领市场，远超其他竞品。

延伸阅读：中国国产手机

在 iPhone、三星手机占领了大多数市场份额之时，中国国产品牌手机如 OPPO、华为、小米等也在努力开发国内与国际市场。它们一方面积极开发中高端手机，另一方面积极推动低端手机出货量的快速增长。受益于芯片、触控、指纹识别、摄像头等技术的不断进步，国产智能手机逐渐成为人们日常生活的刚需，目前已基本完成了对功能机的替换。2017 年，中国智能手机出货量占国内整体手机市场的 95%，中国国产智能手机进入存量博弈时代。

华为、OPPO、vivo 和小米是中国智能手机品牌中的佼佼者。

链接阅读：是时候山寨中国了。http://www. sohu. com/a/61892 486 _ 383019.

链接阅读：Xiaomi's $45bn formula for success (and no, it's not 'copy Apple'). http://www. wired. co. uk/article/xiaomi-lei-jun-internet-thinking.

（二）从台式电脑到笔记本电脑

“笔记本电脑”的概念诞生于 1992 年。当时便携式电脑的体积发展到和 16 开笔记本大小接近，因此被称为笔记本电脑。便携式电脑的发展经历了手提式一膝上型一笔记本三个阶段。

笔记本电脑有着与台式机相似的结构（显示器、键盘/鼠标、CPU、内存和硬盘），但是笔记本电脑的优势还是非常明显的：其主要优点是体积小、重量轻、携带方便。便携性是笔记本相比于台式机电脑的最大优势。一般的笔记本电脑的重量只有 2 公斤左右，无论是外出工作还是旅游，都可以随身携带，非常方便。

1979 年，Grid Compass 1109 电脑问世，这是人类有史以来对笔记本电脑制作的第一次尝试。

1985 年，由日本东芝公司生产的第一款笔记本电脑 T1100 正式问世。同年，IBM 开发了一台名为 PC Convertible 的膝上电脑。“谁制造了第一台笔记本电脑”的争论，在日本人与美国人间展开。

在诞生之初，由于技术上的限制，笔记本电脑大多体积笨重、稳定性差，整个市场长期处于停滞状态。

1994 年 9 月，IBM 推出 ThinkPad 755cd。它是世界上第一台带有 CD-ROM 驱动器的笔记本电脑。以此为起点，笔记本电脑从纯商用走向了更为广阔的多元化市场。

1996 年是笔记本电脑发展史上最重要的一年。VGA 显示屏几乎不再被使用，SVGA 的显示屏则被大量采用，同时 XGA 显示屏已经开始出现。此外，硬盘的发展也推动了笔记本电脑的“瘦身”。

此后几年笔记本电脑继续发展。许多新技术被陆续推出。

2001 年，笔记本电脑在 3D 显示方面终于有所突破。两大图形芯片巨头 ATi 和 NVIDIA 开始涉足笔记本电脑显卡领域，笔记本电脑进入高性能的 3D 时代。

2003 年 3 月，迅驰移动计算机技术问世，将笔记本电脑推向了无线通信新时代，使其在加强便携性的同时，具备了更强大的功能。2006 推出的双核处理器和 64 位处理器使笔记本电脑第一次进入双核时代。

现在的笔记本电脑市场并不景气。随着 2008 年金融危机的出现，全球市场萎缩，人们的购买力下降，市场对笔记本电脑的需求有所减少，但是用户仍需要它们来办公、玩游戏，所以架构不同的其他移动平台仍是无法取代它们的。

（三）平板电脑

平板电脑和笔记本电脑很相似，其特点是数据的输入可以手写，而不依靠传统的外接设备，如键盘、鼠标等。

1960 年代末，来自帕洛阿尔托研究中心的艾伦·凯（Alan Kay）提出了一种可以用笔输入信息的叫做 Dynabook 的新型平板电脑的构想。然而，帕洛阿尔托研究中心没有对该构想提供支持。

2002 年，微软大力推广 Windows XP Tablet PC。这是一台基于 XP 系统的触屏旋转笔记本电脑，让平板电脑的概念真正为消费者所知。

平板电脑的爆发性增长主要从 2010 年开始。2010 年 1 月，苹果公司推出了 iPad 一代平板电脑，正式开启平板电脑元年。iPad 在各方面都更接近于主流意义中的平板电脑。同年，Android 平板电脑，如三星的 Galaxy Tab 也紧追其后发行。

延伸阅读：iPad 与 Surface

iPad 是苹果公司从 2010 年开始发布的平板电脑系列，其定位介于苹果的智能手机 iPhone 和笔记本电脑产品之间。iPad 和 iPhone 使用的界面一样，但是屏幕更大，视觉效果更好。用户可以通过虚拟键盘快速打字，使用多点触控进行操作行为，进行文本阅读和视频观看，完成 iPhone 难以实现的办公应用。

在 iPad 上市之前，曾有人质疑是否需要一个“第三装置”来填补智能手机和笔记本电脑之间的空白，然而 iPad 用其销量证明了自身的重要性。

Surface 是美国微软公司推出的全新硬件品牌。微软公司于 2012 年 6 月 19 日发布了 Surface 系列平板电脑。这款平板电脑采用镁合金机身、10.6 英寸显示屏，配备 USB 2.0 或 3.0 接口，使用 Windows 8 操作系统。微软官网将其称为“全高清显示屏”，屏幕比例为 16∶9。Surface 最初发布时，市场并没有特别看好这款产品。然而，市场调研机构 1010data Ecom Insights Panel 调查结果显示，2015 年 10 月 Surface 成为在线平板销量的首位。在此前的 12 个月内，尽管 Surface 的销售量不及苹果，但是其产品的平均价格更高，达到 844 美元，而 iPad 的平均价格只为 392 美元。

图 iPad

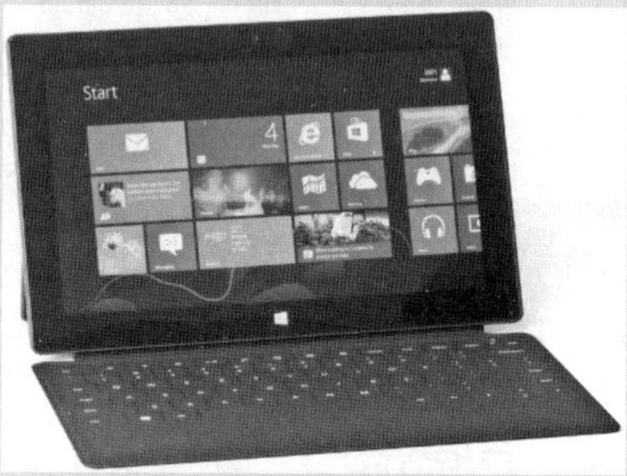

图 Windows Surface

链接：http://www.techtimes.com/articles/114316/20151209/microsoft-surface-overtakes-apple-s-ipad-as-top-selling-tablet-online.htm.

（四）可穿戴设备

可穿戴设备，即可以直接穿在身上，或者是整合到用户的衣服、配件上的一种便携式设备。可穿戴设备多以具备计算功能、可连接手机及各类终端的便携式配件形式存在。因为谷歌眼镜的亮相，2012 年被称作是“智能可穿戴设备元年”。可穿戴设备也开始成为移动的新宠。

1946 年，美国漫画《至尊神探》里的主角迪克·特雷西手上就佩戴了一枚双线无线电手表。当时，电话的概念已经广为人知。漫画里的智能手表也是作者去拜访无线通信之父葛洛斯时得到的概念。

1961 年，数学家 Edward O. Thorp 和 Claude Shannon 制作了可以放在鞋子里的计算机。这个设备可以帮助人们在轮盘赌局中获得胜利。

1963 年，美国科幻小说家 Hugo Gernsberg 认为，在未来，电视机会被电视眼镜（TV Glasses）取代。这样一个便携的屏幕可以随身携带。

1975 年，世界上首款手腕计算器 Pulsar 发布并广泛流行开来。

1981 年，SEIKO UC 2000 被定义为腕带计算机，其带有键盘的腕带可以让用户输入、计算 2kb 的数据，但是它并没有引起轰动。

1989 年的 Private Eye 是谷歌眼镜式设备最早的尝试之一，由头戴显示器、手持输入设备、85MB 硬盘和摩托车电池构成。

图 3-3　漫画《至尊神探》主人公使用智能手表进行通信

1994 年，Steve Mann 制作了一款可穿戴无线网络摄像头，并开始将图像上传到网络。

Levi's 在 2000 年时推出了 ICD+夹克，可以将手机、MP3 和耳机整合在衣服里，并且有一个按钮可以进行模式的切换。

2002 年，诺基亚推出了蓝牙耳机。

2003 年，Vitatron C-Series 面世。这是世界首款完全数字化的起搏器。有了这款设备，医生可以在 18 秒内下载好病人的信息。

2006 年，耐克和苹果联合推出了 Nike+iPod。这是一款允许用户将自己的运动同步到 iPod 当中的运动套件。

2008 年推出的 Fitbit 手环成为健康类产品的先驱者之一。该手环可以测量穿戴者的步数、公里数、卡路里消耗情况及睡眠情况等。

谷歌眼镜在 2013 年面向大众发布，并受到媒体的大量关注。谷歌眼镜可通过语音识别和侧面的触控板来进行控制。

近年，一系列可穿戴设备及其功能吸引了人们的眼球。Apple Watch 可以发信息，记录健康信息，遥控电视，储存票务信息；Ringly 戒指帮助人们逃离手机，返璞归真；Quell 腰带可以发送小幅电流，进而向大脑发送信号来缓解疼痛；Barlclay bPay 私人手环可以省去携带银行卡的繁杂手续完成无接触式付款。

延伸阅读：Google Glasses

谷歌眼镜是“拓展现实”眼镜，它具有和智能手机一样的功能。这款头戴式设备在用户左眼前方的透明玻璃片上显示一个用户界面，而头部和眼睛活动都能控制内置电脑中的具体操作。在其理想的设计中，谷歌眼镜配置的语音识别系统，可以让用户通过语音指令，完成拍照、视频通话、导航、上网、处理多媒体信息和电子邮件等行为。

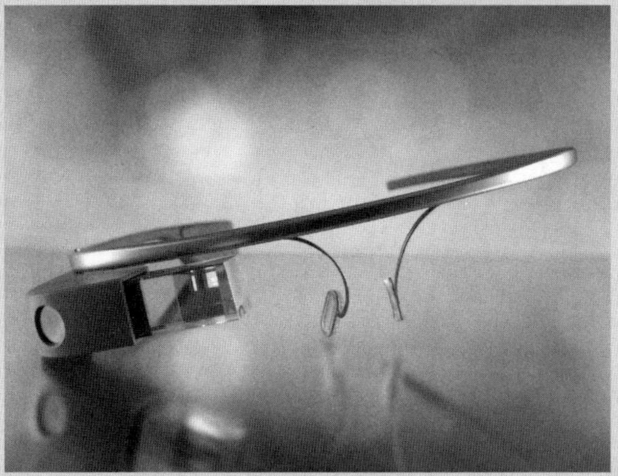

图　谷歌眼镜的宣传图片

链接阅读：谷歌眼镜可以为之与难以企及之事。http://abcnews.go.com/Technology/google-glass-googles-wearable-gadget/story? id=19091948.

（五）移动应用

移动应用（Mobile Application）是基于移动互联网和移动终端的程序性软件。2010年美国方言学会将移动应用列为年度词汇。

苹果在2008年推出了App Store（应用商店），开始推行苹果IOS系统的移动应用。当年年末App Store的应用数量达到5 000款。在接下来的几年时间里，App Store的应用数量一直呈爆炸性增长。数据显示，2012年底，苹果应用商店的应用数达77.5万款；2020年7月，该应用商店的移动应用已超过340万，游戏应用超过95万。

2009年，谷歌推出服务于安卓智能系统的安卓商店（Android Market），同年10月，安卓应用达到16 000款；2012年，谷歌将其出售视频、音乐（Google Music）、电子图书（Google eBookstore）及其他数字产品的移动应用平台与安卓商店合并，推出谷歌应用商店；2020年，谷歌应用商店的应用数达300万款。中国本土开发的应用商店如百度手机助手、应用宝、华为应用商店、小米应用商店等也是面向安卓系统推出的移动应用服务。

移动应用的科技创新、日常渗透和关系重构都对移动传播的实践与研究产生了深远的影响，对移动网民的媒介心理、社会经验与文化行为的变迁也形成了强烈的冲击。在《APP 一代：网络化科学的新时代》一书中，哈佛大学教授霍华德 · 加德纳（Howard Gardner）和凯蒂 · 戴维斯（Katie Davis）将移动时代的年轻人称为“应用一代”，以去探寻移动传播环境中的年轻人是如何重新界定个体认知、想象力和伦理导向。

延伸阅读：《APP 一代：网络化科学的新时代》

APP 一代不是沉浸在 APP 中，他们认为世界本身就是 APP 的集合，人的一生就是一系列有序的 APP。APP 分为两种，一种是帮助和鼓励用户创造的 App-enabling，还有一种是决定和限制了用户选择和目标的 App-dependent。APP 的数字时代重塑了人类的个人身份、亲密关系和想象力。①人们在网上的一举一动更多是表演，与以价值观、信仰、感情联系的个人内在的自我关系不大，同时人们更愿意接受和操控更多样的“网上”身份。②人们时刻保持“在线”状态，在网上互动频繁，却很少私下见面，很难形成密切的关系。人们更重视关系的“互惠性”，而非真正花精力和心思去结识和维系亲密关系。③年轻用户通过 APP 创造的可视化作品和文学作品更倾向于强调视觉效果，相对缺乏文学想象力。[①]

第三节 移动的文化实践

移动终端的不断发展也带来人们参与社会方式的不断改变；信息终端的改变使得文化参与与文化实践本身产生了巨大变化。

一、 移动带来文化实践的新特性

（一） 即时性与碎片化

在移动设备发明之前，人们必须在一个固定的位置才能完成媒介的使用，包括电视、电脑等。而移动设备的发展，尤其是轻量、便携的手机与平板电脑的广泛普及，赋权了现代人随时使用、边走便用的使用需求和媒介化的社会想象力。物理空间与使用时间的束缚无形间削弱。移动互联网和移动终端在充分占据人们碎片化时间的同时，也呈现出一种媒介空间向其他工作与生活空间延伸的碎片化拼接态势。无论是走路、候车，还是坐车，低头族们使用移动产品，完成处理邮件、收发信息、观看视频、阅读书刊、玩游戏等行为，已经是一种人类传播行为的新图景与新常态。一个即时性的、全天候、碎片化呈现的媒体时代已然来临。

① 参见加德纳，戴维斯 . APP 一代：网络化科学的新时代［M］. 李一飞，金阳，译 . 北京：电子工业出版社，2015.

延伸阅读：《手机——挡不住的呼唤》（节选）

虽然互联网产生了重大的革命性影响，然而在媒介理论家所谓的“提供服务的必备条件”（Conditions of Attendance）中，它还是完完全全的传统媒介——按照它的要求，消费者如想得利，就必须具备一定的物质环境。和传统的电视、电话一样，互联网也要求使用者静止不动。事实上，在这一点要求上，互联网比过去的媒介有过之而无不及……与此相反，手机完全斩断了把人束缚在室内的绳索。就像以前的柯达照相机、圆珠笔、半导体收音机一样，手机把它的使用者从家宅和办公室里解放出来，送到大千世界的希望之乡里去。

……

初期的移动电话严格地说只是一种单维的媒介——一个微型的公共电话亭，可以放进肥大的衣袋或公文包里。和公共电话亭一样，那时的移动电话只能够传递口头的交谈。不过，一旦接入互联网，或具备互联网一些特征——书籍、报纸、杂志、可视电话、收音机、照片、电视等的特征——之后，就交流而言，手机就变成了家庭外面的家庭，一个移动的家庭，一个微型的便携式的家庭，一个可以漫游的媒介之媒介。

手机正在加热，正在飞快地烘干那些延迟传播速度的水坑。手机已经深入到我们的社会，直接性和媒介的关系成为今天的事实，二者之间的矛盾荡然无存。①

延伸阅读：Kindle

Amazon Kindle是由Amazon设计和销售的电子书阅读器（以及软件平台）。第一代Kindle于2007年11月19日发布，用户可以通过无线网络使用Amazon Kindle购买、下载和阅读电子书、报纸、杂志、博客及其他电子媒体。Kindle电纸书和平板价格相对低廉，原因在于Amazon公司以内容销售为主要收益来源。Amazon提倡以长远盈利为考量，而非靠硬件赢得收益，进行了不少产品和经营模式的创新。

印刷的纸张是静态的，而电子书却是动态的，其写作、传播、阅读与再传播均呈现出数字与网络时代的文化流动性与生产、消费移动性的特征。电子书不仅开放了一个授权用户随时随地阅读的空间，更将之拓展为交互、社交、关系等多重媒介社会学的领域。读书不再仅仅是线性文字行与行之间的阅读。内容、格式转化、生词查阅等行为也延伸到阅读的过程之中。此外，相比传统书籍，电子书在印刷、运输、仓储等流程都节省了费用，因此电子书的价格也相对更低。此外，它们也更加容易搜索和获得，所占空间少，更加环保。

凯文·凯利将电子书所引领的移动传播及阅读趋势称之为屏读，并以流动来形容其特征，分别对应纸书的4种一成不变：书页是流动的；版本是流动的；介质是流动的；改进是流动的。

移动终端的易操作性与价格平民化降低了接入移动的门槛，使得人人都有平等的机会

① 参见莱文森．手机——挡不住的呼唤［M］．何道宽，译．北京：中国人民大学出版社，2004.

去进行互动交流，技术鸿沟正在逐渐消失。

即时性关系和碎片化传播成为时代的一种技术主流。移动强化了家庭的虚拟即时性相聚。一个人即使远离家庭，也可以在移动的社会场景中随时保持与家人的联络，了解家人当下生活工作情境。移动更强化了现代工业逻辑对个体的体制化束缚。

与此同时，碎片化则使得人类传播行为呈现随时随地、全天无差别接入的形态，具有了一种仿若自由，却又更深刻的自由褫夺的特征。人类的关系、工作、生活开始呈现出一种即时性关联与碎片化消费与生产的可能性。理论上，全人类都可以以一种即时性、网络化、碎片化的组合关系结成一个单向度的整体。

当全人类都沉浸于即时、密切的、彼此依存的移动传播圈的魅力之时，个体则体验到麦克卢汉所批判的“地球村”想象中的信息内爆，移动的个体与社会沉浸于部落式的界面和对话网络之中，成为网络中一个又一个碎片化的文化代码。①

延伸阅读：《必然》（节选）

今天，超过50亿张的数字屏幕在我们的生活中闪烁。数字显示器制造厂商还会每年生产出来38亿个新屏幕。这几乎相当于地球上的每个人每年都会得到一个新屏幕。我们会在所有平整的表面上装设显示屏。文字已经从纸浆里转移到了电脑、手机、游戏机、电视、电子显示屏和平板电脑的像素当中。字母不再白纸黑字地固定在纸上，而是在玻璃平面上以彩虹样的色彩，于眨眼间飞速来去。屏幕占据了我们的口袋、行李箱、仪表盘、客厅墙壁和建筑物的四壁。我们工作时，它们就在我们面前安坐，无论我们做的是什么样的事情。我们现在成为屏幕之民（People of Screen）。这在当下的文化中埋下了书籍之民与屏幕之民冲突的种子。今天的书籍之民善良勤奋，他们撰写报纸，编纂杂志，起草法律条文和办公室规定，为金融秩序定下规矩。他们通过书籍，通过作者散发出的权威气息生活。这种文化的根基完完全全地安置在了文本当中。可以这么说，他们全都位于同一张书页上。

……今天，我们中的大部分人都变成了屏幕之民。屏幕之民倾向于忽略书籍中的经典逻辑和对书本的崇敬。他们更喜欢像素间的动态流动。他们会被电影银幕、电视屏幕、电脑屏幕、iPhone屏幕、虚拟现实眼睛屏幕、平板电脑屏幕，以及在不远的将来嵌在所有平面上的大量数字屏幕所吸引。屏幕文化是一个不断变动的世界，充满其中的是无穷无尽的新闻素材、剪辑资料和未成熟的理念。这是一条由微博、摘要、随手拍照片、简短文字和漂浮的第一印象构成的河流。其中的观念并不突出，却和方方面面交缠连结在一起。在这里，真相并非来自权威，而是由受众自己一个碎片一个碎片实时拼接出来的。屏幕之民创造他们的内容，构建他们自己的真相。和流动的入口相比，一成不变的书本不再重要。文化变得快速、流动和开放。快速得就像30秒钟的电影预告片，流

① 麦克卢汉．麦克卢汉如是说：理解我［M］．何道宽，译．北京：中国人民大学出版社，2006：98.

动、开放得就像是维基百科上的词条页面。

屏幕上的文字会变，会融入图片，会变幻色彩，甚至还会改变含义。有时候，屏幕上根本没有字，只有能引申多种含义的照片、图表和符号。许多以文本为基础的文明对这种流动性大为恐慌。在这个新的世界里，快速变化的代码（就像是不断升级的电脑代码）比固定的律法更加重要。呈现在屏幕上的代码可以不断地逼用户修改，而印制在书本中的律法却不能这样。然而代码塑造行为的能力和律法几乎一样，甚至更大。若想通过屏幕改变人们在网上的行为，只要改变管理这个地方的算法即可。算法可以监督集体行为，也可以把人们引向其所偏好的方向。

……

数字图书的直接效果，是可以在任何时间呈现在任何屏幕上。书将会变得呼之即来。在你需要读书之前，购买和囤积书籍的行为会消失。书不再像是一种人工制品，而更像是映入你视野的信息流。

这种液态性不只是书籍制作所面对的现实，对于消耗品来说也是如此。试想一下，无论在哪个阶段，一本书都成为一种流程，而非制品。“书”这个字不再是名词，而成了动词。书的含义会更多地向“订购”倾斜，而非纸张或者文本（注：此处的“书”和“订购”对应的原文都是 book，该词为多义词，名词含义是书，动词含义为订购。——译者注）。书是一种变化，是思考、写作、研究、编辑、改变、分享、社交、知化、组合、营销、进一步分享、屏读等动作的持续流动。而这种流动产生出来的书籍，又会随着时间不断变化。书籍，特别是电子书，会成为“订购”流程的副产品。屏幕上显示出的书籍，变成由订制字词和想法产生出的关系网络。它能将读者、作者、角色、想法、事实、概念和故事连接起来。而这些关系经由屏读的新方式，不断地扩大、加强、拓宽、加速、改变、重新定义。①

链接阅读：凯文·凯利《必然》背后的 12 个关键点！http://www.jianshu.com/p/45ca03504d14.

延伸阅读：新闻客户端

移动新闻客户端具有丰富且真实可靠的信息资源，实时推送用户信息，并且具有分享、交互、社交功能。但无论是早期的手机报亦或是现在的移动新闻客户端，他们所能提供的新闻内容都是有限的，多是一些热门新闻与重大新闻，并无法囊括各个方面。由于字数限制，编辑们必须在有限的字数内撰写标题来吸引用户点击，重点突出更少的内容。

因此用户看到的都是网络编辑们精心策划的产物，他们所获得的内容往往是片面的。利用碎片时间进行阅读的用户也很难阅读长篇的报道，他们更加关注简讯。与此同时，内容同质化这一趋势愈演愈烈，推送列表中满满都是相似的内容与标题。近年来，算法推送在移动阅读领域的流行，更是加重了这一现象。中国移动新闻阅读的人数庞大，更显现出日渐增多的趋势。这一趋势与移动阅读的全球性发展态势相辅相成。

① 参见凯利．必然［M］．周峰，董理，金阳，译．北京：电子工业出版社，2016.

（二）沉浸性与场景性

移动终端藉由应用的日常性使用将传统媒体环境中的信息、知识、娱乐、服务等功能以一种发散性、沉浸消费的模式无限扩大。移动应用于个人层面，渗透到日常生活的每个环节——闹钟定时，查看天气，地图导航，预约用车，通信联络，安排日程，视频会议，记录备忘事件，叫外卖或查找餐厅，在线购物，移动商务，社交媒体，信息检索，等等，都可以通过移动设备来完成；移动应用于政府治理、新经济模式和组织传播等领域，建构出一种全新的服务理念、信息互动和行为关系的新形态。

1994 年，美国学者 Schilit 提出位置服务的三大目标：你在哪里（空间信息）、你和谁在一起（社会信息）、附近有什么资源（信息查询）。在这三大目标的追求中，位置服务的现实成就体现在全球定位系统（Global Positioning System）技术的发展中；全球定位系统所使用的位置服务（Location Based Service，简称 LBS）技术，使得地点、定位、个体与网络之间的关系呈现出一种沉浸式的“即地性”场景特征。

GPS GPS 原专指美国全球定位系统（Global Positioning System），现拓展为处理器分享网络位置服务的专用术语。

位置服务（Location Based Service，简称 LBS）位置服务是由服务商将移动通信网络与全球定位结合在一起而提供的一种增值服务。服务商通过定位技术获得移动终端的位置信息（如经纬度坐标数据），提供给移动用户本人或他人以及通信系统，完成各种与位置相关的业务。

延伸阅读：全球定位系统（Global Positioning System）

GPS 是由美国国防部研制建立的一种具有全方位、全天候、全时段、高精度等特征的卫星导航系统，能为全球用户提供低成本、高精度的三维位置、速度和精确定时等导航信息，是卫星通信技术在导航领域的应用典范。它极大地提高了地球社会的信息化水平，有力地推动了数字经济的发展。

延伸阅读：北斗

中国北斗卫星导航系统（BeiDou Navigation Satellite System，简称 BDS）是中国自行研制的全球卫星导航系统，与美国全球定位系统（GPS）、俄罗斯格洛纳斯卫星导航系统（GLONASS）、欧盟伽利略卫星导航系统（GALILEO），并列为联合国全球卫星导航系统国际委员会认可的四大全球卫星导航系统。

手机地图的使用及其拓展服务增强了人们对于空间的把控。2013 年 8 月 28 日，百度宣布百度导航永久免费，当日晚间高德导航也效法施行免费政策。公交信息、实时路况与路线规划等成为手机地图服务人们日常出行的基本功能。而打车软件、大众点评等也是在 LBS 技术下应运而生的出行必备产物。

延伸阅读：打车软件

滴滴出行，中国知名的一款打车应用，被称为手机“打车神器”。目前，滴滴已从出租车打车软件，转变为涵盖出租车、专车、快车、顺风车、代驾及大巴等多项业务的一站式出行平台。滴滴出行 App 改变了传统打车方式，建立培养出移动互联网大环境下的现代化用户出行方式。相较于传统电话召车与路边扬招来说，滴滴打车改变了传统打车市场格局，颠覆了路边拦车概念，利用移动互联网特点，将线上与线下相融合，从打车初始阶段到下车使用线上支付车费，将乘客与司机进行了紧密连接，最大限度优化乘客打车体验；同时改变了传统出租司机等客的方式，让司机按照意愿选择是否接单，节约司机与乘客沟通成本，降低空驶率，最大化节省双方资源与时间。

UBER TECHNOLOGIES, INC.（简称 Uber）是一家引进风险投资的创业公司和交通网络公司，总部位于美国加利佛尼亚州旧金山，以移动应用程序连接乘客和司机，提供租车及实时共乘的服务。

（三） 聚合性与分享性

移动应用的功能呈现出丰富的聚合性与分享性。用户可以在网络上同时进行信息的生产、消费与分享，完成信息的交换。在拍摄一张照片后，我们经过图片编辑，进行地点签到，标注同行好友，最终上传到社交平台，并在社交平台上与评论者进行互动；跑步者们将跑步纪录、跑步心情等发布在社交媒体上，表达自己的态度；阅读者们将自己喜欢的文章分享给好友，写上自己的评论；用户在转账的过程中添加好友并建立关系网络——而这一切都可以通过移动终端与移动应用来完成。这也充分体现了麦克卢汉所暗示的未来媒介的整合精神。

延伸阅读：《移动浪潮：移动智能如何改变世界》（节选）

人们很容易误以为新技术与旧技术十分相似。新技术很容易被认为是旧技术的线性延伸，很容易让人们以为新技术与旧技术功用相同，只不过是速度快点儿、体积小点儿或者重量轻点儿。

但不经意间，一项真正颠覆性的技术出现了，而且它将彻底改变商业、社会或经济。它在多个层面产生非线性的影响，而且其影响甚大，以至于很难在尘埃落定之前确定其影响范围。

移动计算技术就是这样一种颠覆性的技术。

移动计算技术包括平板电脑，以及最新一代的我称之为“应用手机”的移动电话，以区别于老款的智能手机和非智能手机。那些早期的手机只有有限的应用软件和让用户上网浏览的功能。

而应用手机是真正的电脑，其操作系统可以支持大量的应用软件和编程语言。事实上，它们首先应该被当作电脑，其次才是电话。

但是，如果应用手机和平板电脑仅仅是体积小一点儿的电脑，它们就不会有太大的影响力。我们之前早已有小型便携式电脑，例如在20世纪90年代和21世纪初出现的基于微软视窗技术的手提电脑和掌上电脑，但它们并没有产生太大的影响。那么我们凭什么认定应用手机和平板电脑会有所不同呢?

事实上，新的移动计算技术并不仅仅是将电话功能加在小型电脑之上。它为应用软件带来一种全新的模式（应用），一个全新的设计和售卖应用软件的生态系统（应用商店），以及一个全新的人机界面体验（多点触控屏幕）。它们还是拥有最便宜的应用软件的廉价电脑，第一种让大多数消费者买得起的电脑。而且，因为大多数移动设备同时也是手机，它们成为真正无处不在的电脑：在人们的口袋里、提包里或者背包里。

……

没有一项电脑智能技术能够超越移动智能技术全天24小时一周7天的可达度，没有一项电脑智能技术能够胜过移动电脑的海量廉价应用软件及其源源不断的供应。在移动计算技术的世界里，一个开发商可以为50亿潜在用户设计出售价1美元的应用软件。这就是经济刺激!

这个崭新的移动计算技术平台将会为公司应用软件进行商务活动带来两个根本性改变。它将使得公司采用软件替代原有的实体产品和服务，并且使得公司将业务延展超出原有的业务范畴，直达消费者的移动智能终端。①

二、 移动的文化动力与实践

（一） 知识获取与分享

在信息超载的环境里，知识交换的速度也大大加快。在基础教育的课堂里，平板电脑开始为教育以及其他相关内容服务：可以提供课本与参考资料，记录下课堂笔记，完成课堂作业与考试并获得成绩。

相似地，在这个社会课堂中，我们利用手机就能完成知识的获取。互联网早就使得我们可以摆脱传统的在固定教室里的授课模式，而移动设备则满足我们随时随地获得知识，不用坐在电脑前的需求。移动互联网的资源整合能力以及时空打破能力使得传统意义上的狭义教育延伸至反教育的范畴。② 移动网络的大面积覆盖为接入教育资源提供了强有力的平台。

移动设备价格的下降，为人手拥有一台移动设备提供可能。即便文化程度不高的用户也可以轻松使用它们。只要用户点触相应的应用，就可以进行学习。在发展中国家，移动

① 参见塞勒．移动浪潮：移动智能如何改变世界［M］．邹韬，译．北京：中信出版社，2013.

② 刘德寰，傅杰，崔凯．没有极限的未来［M］．北京：机械工业出版社，2014：210.

教育可以大大提升国民教育水平，降低辍学率。

此外，移动教育打开了主动学习的大门。拿着手机背单词、在博物馆应用中查看作品介绍、用搜索引擎查询等都成为日常学习的景象，甚至我们可以从别人在社交媒体分享的帖子中获得有用的信息。通过移动教育，我们可以接受更丰富的资源，培养国际视野，大大提升自身的学习表现。

（二）信息管理与传播

马歇尔·麦克卢汉在《理解媒介：论人的延伸》一书中提出，媒介和技术是人体和心灵的延伸。物质技术被认为是身体的延伸，技术和媒介是人的延伸。克拉克认为，一切行为都有“叠加框架”的依托，依靠外物的支撑。移动媒介成为我们的延伸与支撑之物，帮我们以自我为中心进行对外扩散并搜寻有效信息，服务用户，提升某些功能。移动媒介改变人的感官生活，改变人的“所见”和“所闻”的方式，最终改变的人“所知”和“所为”。①

由于体积小、便携的特性，人们可以 24 小时随身携带并使用手机，让手机参与到所有的社会活动当中。人们出门可以不带钱包，但绝对不能没有手机，否则就会坐立不安，好像生活瘫痪了一样。我们在移动设备上沉浸的时间尤其多，在移动空间里自由跳跃，弱化了人们的时间观念。

在电话发明 100 年之后，马歇尔·麦克卢汉就认为汽车是人可以安静独处之处，因为其不受到电话铃声的打扰。可是，手机用提示音宣告着自己的存在。正如电话一样，手机响铃并不受我们控制，反而随时召唤着我们去查看、接收信息，让我们无处可逃，受到手机的打扰。在听到别人的铃声时，也会不自觉地去检查下自己的手机，确保没有漏接任何信息。正如麦克卢汉所提的逆转，“我们观看、使用或感知任何技术的延伸时，必然会拥抱它。由于不断拥抱各种技术，我们成为技术的伺服机制”。

消费者们主动生产媒介内容，并通过自媒体平台传播出去。在移动设备上，人们更是消除了信息转换的过程，可以一站式地完成信息处理与发布，媒介内容生产的能力大大提升。随着设备的更新，专业内容生产与公民自发生产的鸿沟也在渐渐消除。例如手机的摄影摄像功使得每一个在场的普通人都能够自行采集信息，并通过互联网络传递。

移动设备彻底地暴露人的隐私。高清的摄像头无处不在，在你不知道的情况下，你的某个尴尬可笑的瞬间就有可能被人记录并发布在网上，所有人都可能看到，并且反复观看。移动设备成为跟踪设备，随时开启的定位功能可以透露你去过的所有地方，以及最常出现的地点，包括家、学校、办公室等。

除了主动的、个人的、即时的内容生产，移动媒介也提供了海量的、多样的选择。一方面，媒介会根据用户的使用偏好与习惯进行内容的把关与筛选，另一方面，消费者可以掌控自己消费的内容，做自己的把关人。他们积极搜索自己感兴趣的话题，避免受到垃圾信息的干扰，并且可以参与到信息的再创作及互动中，同时对其他主体提供的信息进行观照。

这种再创作特别体现在了多平台参与的融合过程中。在多屏时代，用户在观看或者阅

---

① 李曦珍．理解麦克卢汉——当代西方媒介技术哲学研究［M］．北京：人民出版社，2014：195.

图 3-4 美国《时代》周刊从数千张新闻图片中选出的 2015 年最具影响力的 10 张照片之一。这张照片是一名普通市民拍摄的一段视频的截图画面。这段视频记录了美国一名警察在执行公务中采取了过于激进的处理方式，朝一名黑人背部连开 8 枪的全过程。这段视频在社交网络上公开后被广泛传播，其截图甚至登上了《时代》杂志封面

读的同时，“通过手机或移动终端连接大屏，进行文字信息、图片、视频等文件的多线程处理，越来越成为一种新常态。”

（三）企业管理与公共服务

移动的一大重要应用领域是企业和政府。

在企业方面，越来越多的人成为远距工作者（Telecommuters），不需要坐在办公桌前就能开展和同事及领导的联系，完成好自己的工作。而这一切都归功于移动的普及连接了被空间距离分割的人员，提升了在场感。远程工作者则节约了耗费在交通上的成本。现在，即便是在同一栋楼不同办公室的人都会被微信、QQ 等即时通信软件捆绑在一起。此外，企业和客户的关系也在移动中悄然改变。企业可以利用移动应用来追踪客户，将用户在移动端的每一次操作尽收眼底，随时调整营销策略。

在政府方面，公共服务成为移动新的突破领域。政府各职能部门相继开设移动端电子政务，打破各职能部门之前原本存在的信息壁垒，绕开不必要的环节，依据标准网上服务流程，方便居民用移动端办理相关业务。这同时也有助于推行公开透明政务，让政府行为更容易被记录与监督，让更多的人可以随时查到政府公共数据，准确了解政府的运作效率。

延伸阅读：BYOD

移动计算越来越普及，个人与组织都对移动设备提供的能力和灵活性作出了反应，BYOD 即是一个例子。BYOD（Bring Your Own Device）指携带自己的设备办公，这些设备包括个人电脑、手机、平板等（而更多的情况指手机或平板这样的移动智能终端

设备)。一个人可以在机场、酒店、咖啡厅等登录公司邮箱、在线办公系统，不受时间、地点、设备、人员、网络环境的限制，BYOD向人们展现了一个美好的未来办公场景。

根据Gartner最近发布的调查报告，2017年全球将有半数企业实施BYOD（员工使用私人设备办公)，不再为员工提供计算设备。Gartner分析师David Willis表示，最终将只有15%的企业拒绝实施BYOD，40%的企业将向员工同时提供公司设备和BYOD两种选择。(http://www.ctocio.com/ccnews/12280.html.)

以下几点都使得BYOD移动办公者更倾向用自己的设备：

移动性的提升。移动技术的使用驱动着信息技术结构的改变，其中一个改变体现为组织如何办公。劳动力可以更有弹性地调节工作，完成以前必须要在办公室里的非移动系统完成的工作。而且，随着可以选择的移动设备增加，智能手机或者平板电脑就可以替代过去的笔记本电脑的一些工作。

智能手机与平板电脑安全技术有效性的提升。公司移动设备管理与网络接入控制等技术的提升为移动办公者们提供更加安全的大环境。

技术消费化。越来越多的职员，尤其是年轻职员更倾向使用他们自己的设备而不是公司统一发放的。因为现在的设备越来越便宜，价格在职员可以消费的范围内；厂商也在继续生产更小更轻的设备方便人们携带。

社交网络依赖。社交网络是人们使用私人移动设备时最常操作的平台。来回切换设备、完全公私分开地使用设备非常不方便。

链接：https://itcorporate.com/Resource/Detail/3322.

第四节　移动新闻的创新与传播

一、移动新闻的概念及其沿革

移动新闻是Mobile News的直译新词，其最早的实践状态是由专业或自由记者经手机或其他非专业的移动摄录终端完成新闻素材的采集工作，由个人电脑配置的视频及音频编辑软件完成制作，由宽带及无线网络完成新闻信息的传输。因为受到“手机”媒介形态的控制，每每有学者将其研究视域称为手机新闻实务——Mobile Journalist。后来出现一个英语新词——MOJO，它由Mobile Journalist两个英文单词的前二个字母组合而成，特指运用移动终端或手机进行的新闻报道，或特指由移动采集设备完成新闻报道的记者。

移动新闻最初多在新闻博客、播客上出现，随后进入新闻网站、门户新闻频道等。早期维基新闻尝试让维基用户成为自由（Freelance）的新闻撰稿人，Indymedia和Ohmynews的网站吸引普通大众成为自由新闻记者，上传自己采写的地方新闻。但近年来越来越多的报道由纸媒和电视媒体发表，再经由网络及移动应用进入到日常化的新闻消费环境中。在视频分享类网站上，如美国的 YouTube 和中国的优酷等视频网站，以及新闻视频网站如 iReport 上，有广阔的自由新闻记者施展拳脚的空间。

“移动新闻”这一新词以及由此衍生出的种种新概念，自 2006 年后，出现在诸多传播学、新闻学乃至语言学的国际会议议程之中，更是逐渐受到各大新闻传播学学术期刊的关注。“移动新闻”也从最初的定义中挣脱出来，开始具有较为宽泛的含义。

其一，移动新闻实践转变了传统新闻的媒体平台。通讯社、媒体以及诸多积极投身“新媒体数字新闻”实践的专业或业余记者们更要解放思想，迎接挑战，让以新闻网站为首的新闻播出和出版平台更为“移动化”以及“手机友好化”。

其二，移动新闻理念将现场性的 VR 新闻实践、360 新闻探索等技术前沿的探索带入新闻传播的实务。但新闻标准的考量、伦理的反思、叙事的完整与客观等方面却都在经受着最为严酷的挑战。

其三，移动新闻开拓了新闻产制与消费的“朋友圈”模式，开放了新闻的社交化可能性，但“社交化”带来的新闻传播的窄众模式却也引发了很多问题。

《新闻学实务》曾以特刊推出“新闻学的未来”大讨论，特刊上刊载了彼得·马丁（Peter Martyn）的《新三千年里的移动新闻学》一文。作者喜忧参半地认为移动新闻实践打开了一个潘多拉的盒子。崭新的信息与传播技术的出现使得新闻的生产出现了一种泛大众化的趋势，移动记者与独立记者的社群成为一个最明显的表征；与此同时，媒体网站上充斥着过多本地新闻，“小”叙事和民生叙事开始出现，新闻生产有一种“本地过热化”现象。

彼得·马丁对移动新闻的质疑，源于其特殊的生产与传播形式。移动新闻的生产者往往是“非专业”“民生”以及兼职的、自由撰稿的记者。这些限定词框架在自发的、信息自由的传播情境下虽然呈现出一种“公民新闻”数字转型，但也带来了可信度的缺失、新闻叙事的娱乐化、伪色情化等种种问题。

罗伯特·尼尔斯（Robert Niles）在《在线新闻学评论》一刊中呼吁有志于开拓新闻实务网络市场和手机市场的实践者要勇敢地走出移动新闻的第一步，跨越专业新闻与自媒体新闻的文化鸿沟。这是对过去数年在国际新闻实务领域所进行的移动新闻报道探索的呼应。其对移动新闻的定义就更为发散；移动新闻不仅指涉新闻的制作，更重要的是播出和收视平台的移动化。罗伯特对手机媒体可能带来的新闻实务和理论研究的新方向非常乐观，更提出了未来的记者都应学习使用超文本语言来编辑新闻的观点；他反复强调的“手机新闻界面”呼应了数字新闻研究的最新热点，即以手机为主要的传播媒介而催生的移动新闻传播形态，也即移动新闻个人应用及独立消费。新闻因手机及社交媒体而重新拥有了一种另类的生命力和面貌。它可能是碎片化、以消息为主、需要新闻受众去点击选择的，曾经的精致的新闻编排一去不复返了，但它是有生命力的，是年轻观众乐于去收看的。我们应该怎么办？这是每一位新闻人都必须思考的。

二、数字公民新闻视域下的移动探索

MOJO 的实践得益于近 10 年风起云涌的数字公民新闻的崛起和发展。新媒体技术图景下新闻话语的转型，鼓励着公民参与新闻生产和传播的行动。而与此同时，传统的新闻精英主义也在发生着变化，专业新闻与公民新闻之间曾经的知识鸿沟正在消失。

早在2000年，哥伦比亚大学新闻学院就与计算机学院合作，在新闻专业学生中推动了一个实验性的移动新闻工作站（Mobile Journalism Workstation，简称MJW）计划。约翰·弗农·帕夫利克（John Vernon Pavlik）在撰写《新闻学与新媒体》一书时，重提移动新闻工作站，并对"移动新闻技术"（Mobile Journalism Technologies）充满未来式的憧憬。当年学院派的移动新闻工作站实验是依托于哥伦比亚大学强大的校园数据库、具有摄录一体功能的数字眼镜、复杂而沉重的全球定位系统、早期那犹如广播电视年鉴的平板电脑的。集全部装备于一身的学生在校园里行走，将眼镜摄像、图形比对、数据分析同时进行，尝试以记者的身份对哥伦比亚校园建筑的历史、文化进行报道，并回传到转播车。该实验聚焦在数字摄录和传输技术对新闻采集方式产生的巨大影响。但约翰·弗农·帕夫利克并未预料到一种全新的公民新闻实践会在之后的10年中因他所畅想的"移动新闻技术"的普及化、平民化和日常化呈现而大放异彩。

2004年2月17日《纽约时报》的头版首次刊登了一幅由手机拍摄的新闻照片。该照片表现了前日美国两大无线运营巨头AT&T与Cingular合并签字的场景。拍照者AT&T的CFO乔瑟夫·麦卡毕拍下了Cingular的CEO约翰·泽里斯在合同上签字的瞬间。这张新闻摄影在美国最主流的报纸头版上出现的意义远大于其影像中的含义。它象征着一个全新的新闻信息、新闻资讯和新闻传播理念的出现。拍摄者并非记者，现场新闻摄影记者所拍摄的照片并未刊出；在新闻编辑室里究竟发生了什么？斯蒂芬·奎因（Stephen Quinn）认为《纽约时报》的这一次尝试是跨时代的。这不是新闻摄影技术的优劣或新闻现场的表现的问题，而是一种新闻生产与传播行为的文化转型。在这张照片背后，是一个风生水起的草根化移动新闻实践的空间，也是专业新闻与公民新闻进行话语争夺、新闻叙事的视角角逐的场域。

移动新闻的战场也从传统的纸媒逐渐转向了视频网站和主流电视。2009年6月，美国迈阿密电视台，CBS旗下WFOR频道的主持人吉奥·贝尼特斯在报道iPhone销售情况的时候，用自己手中的iPhone进行了现场的拍摄和报道。因为iPhone作为智能手机的独特性和当下的新闻性，这次报道本身也成为一个移动新闻发展历史中值得深思的瞬间。设备使用的改变、图像像素的高低、拍摄者的专业与非专业形塑了移动新闻实务的外延，但并不能界定移动新闻的内涵。虽然吉奥·贝尼特斯的iPhone现场报道只是电视新闻技术发展的历史长河中的一朵浪花，但它却开启了移动新闻与公民新闻在文化与技术对话上的另一个主流化的实践；虽然这一实践早在2006年就已经展现出其丰富的互联网视频及数字新闻研究的新方向了。

2006年8月，ireport.com正式鼓励其用户上传图片及视频，以公民新闻的形式报道社区新闻和当事人所在的新闻现场。但真正让iReport在国际新闻传播中大放异彩的却是印度海啸和伦敦骚乱事件。这两起灾难事件的报道因主流媒体的缺席和反应延误，大量普通民众拍摄的视频成为新闻头条的内容。在伦敦骚乱事件中，有300部手机视频和1 000

张照片被民众发往 BBC。[①] 2008 年 1 月 CNN 正式收购 ireport.com，从此来自各地的公民新闻素材得以汇聚在 CNN 的新闻节目中播出。各国的电视台也纷纷仿效。美国广播公司的 i-Caught、福克斯电视网的 uReport、MSNBC 的 FirstPerson、半岛电视台的 Your Media、英国 BBC News 24 频道的 Your News、Channel 4 的 Picture This、独立电视的 Upload Now、法国 24 台的 Observateurs、西班牙 TVE La 频道 2007 年开设的 Cámara Abierta 2.0（意为开机 2.0）、荷兰的 IK OP TV（意为我在电视中）等都纷纷以电视公民新闻节目为定位，播放来自民间的、公民的观察与报道。这些节目中的大多数新闻素材及消息由手机拍摄、上传完成。

在这一波数字公民新闻的趋势中，逐渐出现了一些极为活跃的移动新闻记者。CNN 的 iReport 大奖的设立以及拍客行动都在一定程度上鼓励着移动新闻记者从自发拍摄到自由报道的一个转型。

三、 移动新闻的传播学反思

近年来，在中国电视新闻节目中，也出现了越来越多的网络视频资源、无人机以及 VR 素材。这些新闻资源的来源复杂凌乱，非专业与专业混搭，这类型“读网新闻节目”大量生成并产生了同质化形象。传统纸媒及电视媒体新闻的互联网化及移动化消费是新闻移动化消费的一个前提，虽然移动新闻阅读的发展趋势推动着新闻网站的移动化设计、新闻客户端和应用呈现出逐年激增的态势，但它们并不能营造出一个多元而灵活的移动新闻的实践空间。

从传播学角度来看，移动新闻面临如下挑战：

首先，新闻生产如何以互联网思维再创新？移动新闻报道是在牺牲新闻专业的技术完美主义，呈现新闻影像的当下性、随机性、偶发性的追求下出现的，它拓展了新闻实务中公共参与的新媒体视野。

其次，如何破除公民新闻行动的刻板印象，使其从“微博反腐”“网络揭丑”“突发现场”的固化思维中挣脱出来，让民间的新闻叙事拥有多角度、多文化的考量？

最后，如何丰富移动新闻的传播平台和渠道，更为人性化地设计其阅读与收视界面？面向读者和观众开发的移动新闻易读性和友好性的研究目前还非常缺失。

移动新闻出现的这 10 年，是读者与观众更适应于多屏弹开的新闻报道，喜爱新闻的视频化粘贴，在视频网站、搜索引擎和数字化的社会网络中不断地复制传播，沉迷于移动在线的碎片化新闻认知，依靠新闻头条与每日搜索热点来获取信息的 10 年，新闻的微博化、微视频化和移动化已经在技术文化学的层面上全面地展示了去中心、深度解构的后现代特点。移动新闻实务、传播、收视的研究在新闻学、传播学、新媒体研究、青年研究、文化社会学中占有越来越重要的位置。

---

① Allan, S. Citizen journalism and the rise of “Mass Self-Communication”: reporting the London bombings [J]. Global Media Journal, Australian Edition, 2007: 1 (1).

本章小结

一、移动性（Mobility）是现代社会人际互动与传播行为的一种独特表征。从社会关系与社会构成的角度审视，人和物在社会的关系网以及种种社会系统、组织机构的功能图谱中穿梭、互动、交往，满足了人类主体性的移动需求。

二、新媒体环境下，移动性最主要的技术链接与物质表现就是移动互联网。移动终端与应用服务的合作与普及，推动了移动传播的大繁荣。

移动新闻的实践转变了传统新闻的媒体平台，将现场性的 VR 新闻实践，360 新闻探索等技术前沿的探索带入新闻传播的实务，但新闻标准的考量、伦理的反思、叙事的完整与客观却都在经受着最为严酷的挑战；它开拓了新闻产制与消费的“朋友圈”模式，开放了新闻的社交化可能性，但“社交化”带来的新闻传播的窄众模式也引发了很多思考。

思考与研讨题

1. 什么是移动化？移动对你有哪些影响？

2. 在哪些方面可以体现出移动内化为生活的一部分？

3. 发挥你的想象力，谈谈你对未来的移动化的生活有什么构想，其对你来说有哪些利弊。

Chapter 4

第四章　交互：文化想象与传播思辨

- 交互的概念
- 从超文本到超媒体
- 交互叙事
- 交互媒体的实践与探索

第一节 交互的概念

一、交互的界定

交互无所不在，自人类传播活动出现以来，交互就以各种形式存在。当旧石器时代猿人在山顶岩石上刻下石痕，指引部落中人跟随；当西西里的游吟诗人完成一篇史诗的吟唱，收获听众热烈的掌声；当马来西亚槟城的街头艺人在残旧的屋檐下完成一幅壁画，引来无数游客跨越海洋来围观；当热恋中的情侣在远距离的恋爱关系中通过书信完成未来的规划——传播过程中行为交互、信息交互就借助各种类型的介质得以形成。

本章所关注的交互，源于人类传播行为的历史，基于人类文化想象的延展，绽放于数字与网络传播的年代，但它迥异于模拟媒体生产与消费中的行为与心理描述，更非传统传播观视野下的传者与受者之间信息反馈之意义的重新理解，而是由新媒体的数字化、网络化、移动化及智能化产生的一种全新意义。

交互从新媒体研究的“Interactive”一词翻译而来，也有学者将其译为“互动”。与其相关的词语如“Interactivity”“Interaction”也广被借用。交互是新媒体传播环境中社会主体与计算机网络、信息资讯与数字文本、界面与数据库之间的交换关系，被用于描绘计算机执行程序时与操作者在指令获得、运行控制和反应方面的一种信息流动与反馈机制。自 1980 年代中期以来，计算机科学在个人电脑研发及桌面系统的大众化普及领域飞速发展，影响着跨学科的视野下“界面文化“（Interface Culture）的萌芽，全新的人机交互技术、交互设备与交互系统设计①，超文本的应用，1990 年蒂姆·伯纳斯-李万维网的研创和早期网页浏览器的探索更是引领着这一领域的学术思潮，推动着交互概念的新发展，“交互”由此进入新媒体研究学者的视野，并逐渐从“人机间指令性的”应用——（人发出）指令（计算机予以）呈现的功能式语境中，延展出更为复杂的人文艺术与社会科学含义。由此，基于互联网的计算机、超文本的信息界面、用户三者关系的重新界定，因交互概念的跨界适用而获得了全新的意义。

在计算机科学层面，交互主要指涉人机交互，即人和计算机之间的信息交换。人机交互依托交互设备实现。人到计算机的交互设备包括键盘、鼠标、操纵杆、数据服装、眼动跟踪器、位置跟踪器、数据手套、压力笔等。计算机到人的交互设备包括打印机、绘图仪、显示器、头盔式显示器、音箱等。在当前的技术环境中，人机交互所附着的技术有基本交互技术、图形交互技术、语音交互技术、体感交互技术等，如围棋国手与阿尔法狗之间的对战、游戏中玩家与电脑 NPC（Non Player Character）“非玩家控制角色”之间的对战等。今天的体感游戏也是非常典型的人机互动，这些体感游戏，导入了即时动态捕捉、影像辨识、麦克风输入、语音辨识、社群互动等功能，玩家可以通过 3D 体感摄影机在游

---

① 董士海，王坚．人机交互和多通道用户界面［M］．北京：科学出版社，1999.

戏中创建角色，进入游戏开车，与其他玩家互动，通过互联网与其他玩家分享图片和信息等。

也有观点认为，交互也包括人机交互之外另一维度的含义，如计算机中介传播（Computer-Mediated Communication，简写为 CMC）。交互可以发生在相互交流的个体之间，其仅仅将数字媒体，比如说电脑与手机等作为中介工具。社交媒体的兴起，是对人际传播与计算机传播相融合形成的这一种类型交互形态的验证。

计算机中介传播 计算机中介传播是基于计算机和网络而实现的人际传播行为。计算机中介传播研究始于 20 世纪 70 年代末期，成熟于 80 年代。从最初的电子邮件、聊天室、网络社区，到微博、微信及各种移动应用等，都属于计算机中介传播。

在系统层面，交互意味着传播行为与传播模式的非线性、开放性重构能力；在结构功能论的视野中，交互赋权了未来传播环境中人类与计算机、数据库、场景式应用的智能化工作模式；在文本层面，交互指涉新媒体用户对所访问的文字、图像、视音频文本的干预、改变的能力。当计算机读取用户信息与资料进行传播小环境调试的同时，人类也将赋予交互以日常化的工具性意义，实现人类与庞大数据宇宙的信息交换。

“交互”作为新媒体产业实践与科学研究中的核心概念也屡受争议。有学者认为，交互是传统人际传播中最基础的信息流动方式，“关系”“交流”“对话”均是对人—人交互传播模式的直白描述。“交互”并非是数字化、网络化媒介环境下出现的新词新物，而是人类传播行为的一种常态，故而不值得大书特书。也有学者认为，交互是新媒体艺术、媒介、传播行为之本体特征，但对其过度解读的意义并不大。有学者提出质疑：如新媒体不能实现交互，那该媒体是否还可被称为新媒体——交互或可作为修饰性的“冠词”来依附于新媒体之前，如“交互新媒体”。学术反驳表现了新媒体学术场域中差异性观点的长期存在。

交互 “交互”一词与“互动”一词在中国新媒体研究中的自由使用与相互置换，是学术翻译中西方理论东进过程中的一种常态。

但伴随着“超文本”“数字电影”（Digital Cinema）及“Web 2.0”等话题的出现，交互也逐渐在其功能描述的语义中彰显出其强大的理论魅力。“超文本”一词的出现，预示着传统、线性媒介文本的生存状态的变革。“数字电影”（Digital Cinema）是门诺维奇《新媒体语言》一书中的核心案例，他围绕苹果公司当年较为原始的一款 QuickTime 视频播放软件，探讨网络环境中视频播出和观看中的可控制、可循环的传播机理。“Web 2.0”是对 2003 年之前浏览器式的“Web 1.0”的颠覆式发展，全新拓展了内容生产、新媒体环境与用户使用之间的关系，彻底改变了网络信息的“传—受”“发布—浏览”的僵化模式，催生了一系列强调个人化体现、信息与知识分享、交互化应用的新型网络媒体形态的出现。交互由此也从一个程序间数据调用的概念，一种计算机超文本工作状态的描述，生发出全新的传播哲学观与应用场景，这对新媒体应用开发、平台更新、内容生产等领域都产生了深远的影响。

数字电影 数字电影是基于网络播放环境的循环播放与传播增能的一种电影模式，门诺维奇用循环（Loop）来形容数字与网络环境中音视频文本的交互属性。

Web2.0 是相对于 Web1.0（2003 年之前的互联网模式）的概念，象征着内容更丰富、链接性更强、交互明显的新一代互联网模式，标志着由浏览型“网页”向“发表/记录”交互型网站服务，由“Client Server”向“Web Services”转变的新趋势。

二、 作为文化想象的交互

交互从信息科学、计算机科学的研究领域向新闻传播、艺术创作等社会与人文学科领域发展，标注了新媒体实践与研究中最明显的一脉传统。作为传播的交互，起源于信息交互与计算机界面发展的技术探索与应用之中，并开拓了交互文本、交互媒体、交互场景与交互传播等递进性概念与传播新领域。

交互，就其语言与文本形态来说，是基于数字与网络传播基础的一种开放性、重构性语言组合模式，赋权于非线性文本的重构、信息链接与信息交换。模拟媒介中的模拟信息与模拟文本是倾向于固定不变的，每每以一种完成型的确定版本来保持其意义、形态、文化传播样态的稳定性，而数字、网络与移动媒体的技术本能所催生的一种永久流动、常态变动和开放阅读的新媒体本体特征，将交互的功能性与文化性完美内嵌于传播行为之中。

对交互的媒介化应用与功能探索，直到20世纪中叶才逐渐出现。

传统传播环境中的模拟信息的交换，依托其“传受”固定的物理性模式而存在；无论是人际传播还是大众传播，信息所依赖的从一种物理形态向另一种物理形态转换的过程难以激发信息流动过程中的交互功能；线性文本只能允许在受众环节中呈现出开放性的文本接受与文本解读。而数字与网络化的信息文本中却内嵌着无穷尽可延展、可点击的超文本链接，它们在计算机界面和网络中以一种模拟形态的复制品再现于媒介受众眼前，并与其他信息文本通过超文本链接发生着关联。

长期以来，如何与处于传播过程末端的受众实现交流，如何改变信息流线性的传受模式，颠覆文本的线性叙事，引导受众介入文本的生产，影响内容的呈现与表达，与原文本形成“超越”传统的关系的文化想象一直存在着。

在中国文学史与西方艺术史中，传播者与其创造的文本之间发生“超越文本”关系的记载，每每以一种民俗或神话的形式存在着。如中国宋真宗赵恒《劝学诗》所写“书中自有黄金屋，书中自有颜如玉”，朗朗上口，明如白话，自宋以降便十分流行，并形成诸多民间故事，以讲述读书者在求学阅书中遇到的幻境，并与幻境中人发生互动，实现了读者与文本内容的情境式交互。西方民间故事中的Silver-Tongue是拥有神秘预言魔力的巫师，他们可通过阅读和讲述赋予纸质媒介中、原本以文字和语言形态出现的人物与魔物以生命，使其在现实中存在，并与阅读者发展出全新的故事线。希腊神话中塞浦路斯国王皮格马利翁性情孤僻寡言，沉迷雕刻，最终深深爱上了自己所雕筑的一座美女塑像，他每日祈祷，希望爱神阿佛罗狄忒赋予雕像以人类的生命，故事终局于在皮格马利翁的真诚祈祷下，雕像化身为真人的瞬间。创作主体与艺术文本的交互，在神话与想象的光晕中，推动美国著名心理学家罗森塔尔和雅格布森传播研究取得新进展。“皮格马利翁效应”被用以描述人们因某种情境所产生的知觉及期待投射，会使该情境受期待投射影响而发生真实的改变。皮格马利翁从传者向受众身份的转化，雕像从固定的文本向流动的文本转化，恰也预示着传播秩序、关系想象与文化叙事中蕴藏着强大的交互潜能。如何通过更为适合现代传播环境的技术、平台、语言与应用方式，激发这一种交互潜能的想象，成为新媒体研究的新课题。

延伸阅读

“皮格马利翁效应”也被称为“罗森塔尔效应”“人际期望效应”，是社会心理效应的重要概念之一，指的是人际传播中，尤其是教育环境中的期待、暗示与积极希望能戏剧性地收到预期效果的现象。此概念由美国心理学家罗森塔尔和 L. 雅各布森于 1968 年通过实验提出。

印刷、广播和电视文本，虽然很难激发“皮格马利翁效应”所描述的受众/传者—文本/传者身份的多次流动，但自 20 世纪中叶开始，对媒介文本的线性、单向度的传播过程的重构，导致很多实验性产品的出现。如 1962 年法国小说家马克・萨波塔所著的《作品第一号》，151 页如同巨型扑克牌一般的书页被装在牌盒一般的封套中，书页不标注页码，背面空白，每页 500 字至 700 字之间，讲述和呈现一段相对独立的场景式对话、情节或背景，每页故事虽难以做到完全意义上的独立成篇，但也能使读者一窥其意，并联想和回忆其他页面与其似有非有的情境关联。读者阅读时可自行洗牌，并尝试对重组后的故事进行逻辑化的解读，每次书页的打乱重排，就得到一个时空再度重置的故事。

延伸阅读

被誉为扑克牌小说实验作者的马克・萨波塔，是法国新小说第二代代表作家之一。其写的小说《作品第一号》出版后，被翻译成英文、德文、意大利文、西班牙文等多种语言，广为流传。其新颖重构式阅读形式，邀请读者重建故事创作的场景，成为交互式、纸质小说的先例。

三、 交互的传播学思辨

在新媒体传播环境中，交互超出了文化想象或心理期待，成为一种开放性信息语言的结构理念、一种应用性的工具哲学的体现。其作为新媒体传播本体中最为核心的一种功能性表达，根本性地颠覆和改变了人类传播环境、媒介文本、传受主体之间的固有关系。

其一，交互改变了模拟信息环境中的单向传受关系，激发了受众作为信息反馈者、内容生产者的积极性，重构了受众/传者的主体性和能动性。

在交互对传者—受众二元关系的破除过程中，曾经受限于模拟信息环境中的文本固定性也被消解了，受众开始参与到文本解读过程的非线性化破解中。这一特点在计算机视窗与网页发展的早期就出现了，使用者操控鼠标，运转程序，点击桌面的超链图标进入到下一层文本之中；浏览器上的超链文件因鼠标的移动和选中而被激活，浏览者在阅读的中途被引导向另一段解释性、关系性的新文本。因受众的介入，原传播文本在不断被干预过程中，重新获得不同层次、具有互文性意义的它文本支持，形成了一种类数据库式的信息浏览与内容重组的使用体验感。

图 4-1 早期的苹果公司网站，以条目和板块化结构，引导用户进入下一层文本的阅读

其二，交互重塑了文本生产、消费、传播过程中的关键性场景，打开了一个开放性、多线程的信息数据库模式。

随着新媒体平台和产业模式更新迭代，交互从简单的网页式、超链接式的理解逐渐发展为众多应用性场景。在用户层面，用户与超文本的选择型交互，用户与界面的场景式交互，用户与数据库的智能型交互，构成了以用户为中心的交互模式的发展；在系统与终端层面，系统之间的信息与数据交互，文本之间的组合、筛选与交换，构成了以计算机为核心的工作模式。在新媒体文本生产、内容消费和传播过程关键性场景中，交互起到了决定性作用，尤其是在社交媒体、弹幕文化、直播及短视频的传播语境中，交互激发出用户一种全新的传播认同。人们从“受众”进化为“用户”并发展为内容的“创用者”，在原传播文本的传播之初，就进入了文本重构的异质界面中，以自身的参与完成媒介文本的构造。

图 4-2　1995 年 CNN 网站仅能为用户提供简单的链接模式

其三，交互赋予了新媒体以革命性、颠覆性的媒介生产动力与文化图谱。

由于“创用者”提前介入与原媒介文本的无缝对接，新媒体自 2000 年之后，尤其是在社交媒体时代来临之后，爆发出全新的革命性、颠覆性的内容生产动力和文化图谱重塑的自觉。从闪客、博客、播客到主播、Up 主、网红，他们纷纷成为中国媒介场域中涌现的内容生产新生代，为新媒体生态的重新布局和新媒体文化的产业重组贡献力量。

创用者（User-Creator）　创用者具有用户与创作者的双重身份，被用以标识新媒体内容生产环境中的 UGC 角色。

1998，Flash 作为辅助网页实现动态交互的工具悄悄出现在技术发烧友的论坛中，在当时网络论坛上，能实现图像与文字互动的工具仅限于 GIF 图片和 Java 小程序。Flash 技术的横空出世，帮助了无数网友梦圆网页交互之梦，也推动了之后中国互联网上 Flash 网络动画的蓬勃崛起。

闪客　闪客文化出现在中国网络动画和 Flash 视频发展的早期年代。基于 Flash 技术的网络动画创作者，被当时的中国青年网民戏称为“闪客”。“闪客”呼应了之前出现的“黑客”“骇客”等网络族群概念。

第二节　从超文本到超媒体

一、超文本的前历史

交互传播最初起源于人们对交互文本与超文本语言的探讨。我们在下面的内容中将对超文本的历史发展进行简要的梳理和分析。

1941 年阿根廷豪尔赫·路易斯·博尔赫斯（Jorge Luis Borges）的短篇小说《小径分岔的花园》被认为是对“超文本”概念具有启发性的文学文本。在小说中，博尔赫斯创作出一种“时间的分岔”，以想象时间像空间一般在无穷尽的节点上分岔，以织就一张无数时间线相互交缠、接近却又永不相遇的是囧网；读者可以游走在这张时空网的情节之中，仿佛游走在一个庞大的多重宇宙之中，时而遭遇谜语，时而邂逅寓言

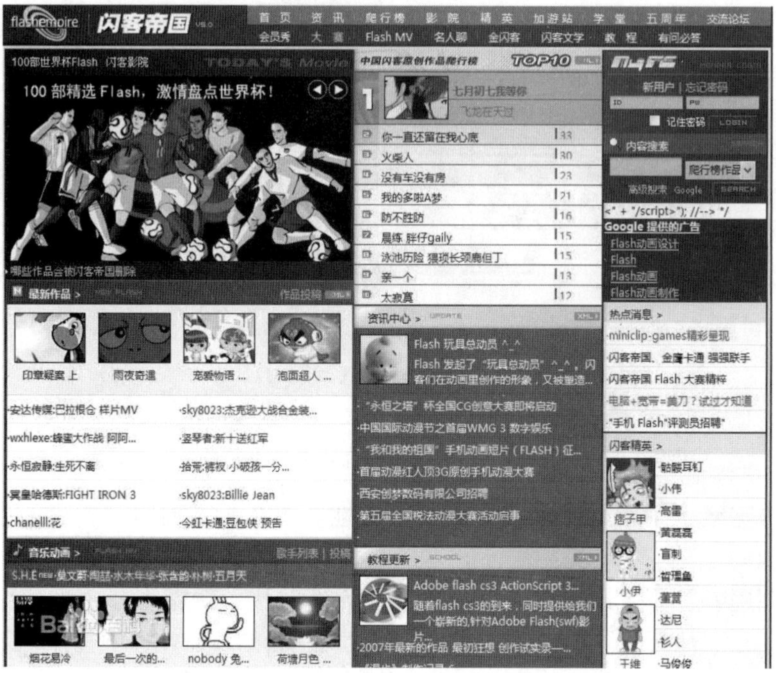

图 4-3 “闪客帝国”网站成为当时网络动画与网络视频的主要阵地，吸引无数年轻人参与到新媒体内容的原创阵营之中

故事。1945 年，美国科学家和工程师范内瓦·布什（Vannevar Bush）在《正如我们所想》（*As We May Think*）一文中提出信息储存器（Memex）的概念，开创了数字计算机和搜索引擎时代。

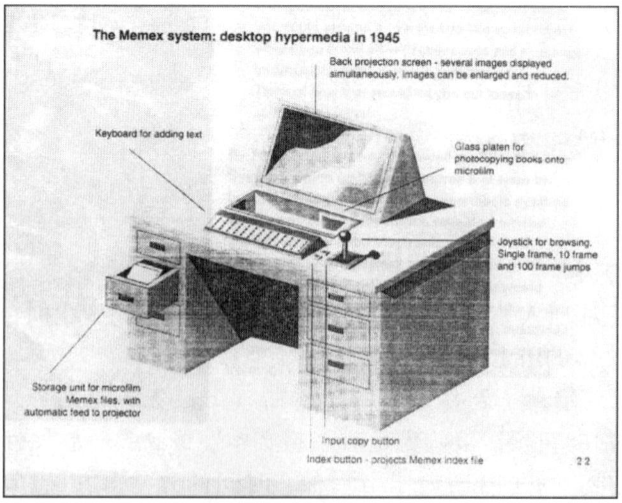

图 4-4 Memex 的概念图示

延伸阅读：《正如我们所想》中的未来设计

未来的计算机将是用电的。它们会比今天的机器快百倍甚至更多。重复的思维过程不仅限于计算与统计，实际上，商业事务以及不断扩张的市场都在等待大批量制造的计算机的问世，它们中的一些将能满足现代文明最挑剔的要求。

考虑一下未来个人使用的设备，它将是一个机械化的个人图书馆，它需要一个名字引起人们的注意：MEMEX就可以。MEMEX是这样一个机械化设备，人们可以在其中存储书籍、记录和信件，同时可以以很高的速度和极强的灵活性完成检索。作为辅助设备，它是人脑的无限扩大。

MEMEX有一个倾斜的半透明的屏幕，资料可以投影到上面进行阅读，还有一个键盘，一系列按钮和把手。它的一端是存储的材料，体积问题由于采用了改进的微缩胶片而得到了很好的解决。

MEMEX的大部分内容都是直接买来的，可以直接插入。各种书籍、图片、期刊、报纸都可以这样得到并插入进行阅读，商业信函也可以。它还备有直接输入的设备。

……

当然还有用于咨询的记录，它们来自日常的索引工作。如果用户想从一本书中查找资料，他只需在键盘上轻轻敲出这本书的代码，书的封面马上就会投射到他面前的浏览器上。此外，他还有一个额外的“游标”可以使用，把这个游标拉到右边，这本书就在他面前一页页地投射出来，速度正好可以让人清晰地浏览每一页。再向右拉一下，浏览的速度就可以变成每次10页，再过去一点就是每次100页。还有一个键可以让用户直接回到索引的第一页。

……

如果在检索时有一种更直接的方法，能进行联系索引，就会方便许多，这就是MEMEX的基本概念。对两个条件进行并行检索是一个重要的要求。用户创建一个轨迹时，必须指定一个名字，插入到他的代码本中，并且可以在键盘上将其调出。

这样，不论何时，只要这些条目中有一个显示出来，用户就能调出相关的条目。完全新式的百科全书也将出现，互相联系的“轨迹”贯穿其中。专利律师可以轻松查找成千上万个已经发布的专利，外科医生可以参考解剖学书籍，历史学家也可以拥有大量的个人年表。

一种新的职业将会出现，那就是“轨迹制作者”，他们会从大量普通的材料中构造有用的“轨迹”并从中感受快乐。大师们的遗产将不只是他个人贡献给世界知识宝库的东西，还将成为人类共享的整体的知识框架。这时候，人们可以通过它们制作、存储、检索人类的所有记录。

美国信息技术先驱泰德·尼尔森（Ted Nelson）在1963合成出“超文本”（Hypertext）和“超媒体”（Hypermedia）两个新词，以描述他所构想的超文本系统——“元上都计划”（Project Xanadu，也被称为世外桃源计划）中复杂信息系统之间的关联度。泰德·尼尔森相信平行的页面内容之间可以用可视化的方式链接起来。他以 17 条准则来界定 Xanadu 的超链接系统，并将之称为“原创超文本项目”（The Original Hypertext Project）。服务器方面，每个 Xanadu 服务器都是唯一且安全的，能独立运行或在网络中运行。每个用户都唯一，且身份安全，都可以搜寻、恢复、创建或者存储文档。在文档层面，每个文档都是唯一且安全的，都可以有安全访问控制，可被快速搜索、存储和恢复，能够自动移动到匹配其任何频繁访问的物理位置，能被自动冗余式存储，这可以让它即使在发生灾难的时候都能够保持其可用性。每个文档都可以包含无限多部分，每个部分可以是任意数据类型，都可以包含各种类型的链接，包括虚拟副本、系统中其他所有者所拥有的文档。每个文档均包含版税机制来确保任何允许访问的支付，文档全部或部分嵌入的链接是可见的，可被所有端点追踪的，链接到文档的许可是由出版行为来允许的。信息服务方面，每个 Xanadu 服务供应商都可以在他们的用户选择存储、获取和发布文档的时候以任何费率收费。每一个交易都是安全的，并且只能由交易的各方进行审计。Xanadu 客户端—服务器通信协议是一个公开对外的标准，鼓励第三方软件的开发和集成。虽然泰德·尼尔森的世外桃源计划和之后发展形成的超文本万维网大相径庭，历经 30 年也未曾成功上线，但他之后组织协调万维网协会（World Wide Web Consortium）和互联网工作小组（Internet Engineering Task Force）共同合作研究，最终发布了一系列的 Request For Comments (RFC)，其中最著名的就是 RFC 2616。RFC 2616 定义了 HTTP 协议之后普遍使用的 HTTP 1.1。由于泰德·尼尔森对 HTTP 技术的发展作出了突破性历史贡献，他被称为“HTTP 之父”。

延伸阅读

“Xanadu”出自 13 世纪马可·波罗游记中所描绘的“元上都”，源自蒙语，代表的是神秘、如同田园般诗情画意的世外桃源，位于今中国内蒙古自治区锡林郭勒盟正蓝旗境内。元世祖忽必烈即位以前，命刘秉忠建王府于此，1279 年元灭宋后，此地改为陪都，作避暑行宫，忽必烈夏天在这里处理政务。元上都广为西方人认识，原因是 13 世纪马可·波罗在元上都觐见忽必烈。马可·波罗在自传中记载都城盛景：“内有大理石宫殿，甚美，其房舍内皆涂金，绘重重鸟兽花木，工巧之极，技术之佳，见之足以娱乐人心目。”17 世纪游记作家萨缪尔·帕切斯（Samuel Purchas）在其游记中描述 Xanadu 有 16 英里宽，旗帜飘扬，野兽追逐，远方豪华的宫殿群鳞次栉比。1816 年，英国诗人萨缪尔·柯勒律（Samuel Coleridge）在翻阅《帕切斯游记》后发表诗作《忽必烈》，“上都坐忽必烈汗，恢宏皇城乐御邦”（In Xanadu did Kubla Khan，A stately pleasure-dome decree），从此奠定了 Xanadu 在西方文学中的象征性地位。

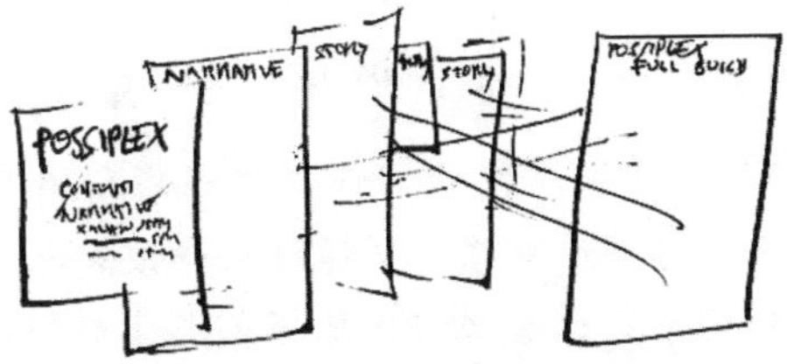

图 4-5 元上都计划的草图。此图显示了平行的页面内容之间用可视化的方式链接

延伸阅读：泰德·尼尔森的元上都计划

泰德·尼尔森将其超文本的项目设计为 Xanadu（元上都），也是希望其成为交互文本实验的世外桃源。美国《连线》杂志 1995 年第 6 期刊载了关于 Xanadu 的评论文章：

Xanadu 是一个全球超文本出版系统，是计算机行业历史上存在时间最长的雾件（通常适用在超出最初声称的或一般预期同类产品开发周期所需的开发时间之后，仍然无法发布的产品）。它已经发展超过了 30 年的时间。Project Xanadu 长时间的“妊娠期”无异于建造中国的万里长城，后者几乎用了大半个 16 世纪去建造，但是在抵御侵略者的时候还是失败了。不过，鉴于商业计算的相对年轻，Project Xanadu 创造了一个其他公司难以超越的“无用的记录”。事实是，从 1960 年开始，泰德才逐渐变成“不成功的软件开发之王”。Project Xanadu 另外一个有趣的地方是，这个计划的失败（或乐观来说这个计划长期推迟的成功）几乎和黑客文化的诞生时间相一致。

Xanadu 从万众瞩目到失败这一过程受到了高度的社会关注，这也展示了黑客世界重要的另外一面，也许，在车库里面诞生一个亿万估值的公司只是个童话故事。

在很多自以为是的业内人士眼中，泰德·尼尔森的 Xanadu 有时候被认为是一个笑话，但这么想是很肤浅的。泰德·尼尔森的论文和演讲激励了一些有梦想的计算机程序员、经理和管理人，比如 Autodesk 的创始人 John Walker——他投资了数百万美金和多年的努力在这个项目上。

Xanadu 想要做一个全球化的图书馆，一个全球性超文本出版的工具，一个解决版权纠纷的系统，一个可以讨论辩论的专业精英论坛。他们认为 Xanadu 可以通过将所有的信息传送到所有人来消除科学上的无知，解决政策上的误解。用一个非常黑客的假设来说，全球灾难是由无知、愚蠢和失败的沟通导致的，Xanadu 应当拯救世界。

链接：https://www.wired.com/1995/06/xanadu/.

二、超文本的界定与组成

泰德·尼尔森在闭门挣扎于 Xanadu 的设计与面世的 30 年中，超文本已被广为借用，成为依托于互联网的常态语言模式与内容组合规则，呈现出链接性和网络性特征。在 20 世纪 90 年代初，随着超文本在个人计算机中的程序性使用和万维网内容架构与浏览模式的普及，超文本成为新媒体应用与研究中的热词。

延伸阅读

《大不列颠百科全书》将超文本界定为“计算机程序所附带的电子链接功能，以便于数字媒体的用户从文本中选择某个对象，并通过点击该对象而链接向该对象的其他相关信息。如百科全书中蓝鲸词条，读者只需用鼠标点击蓝鲸一词，即可访问与蓝鲸相关的其他词条。超文本链接通常通过文本中不同字体或颜色的单词、短语、图片、声音或动画序列进行连接。文档的不同部分之间或不同文档之间的超文本链接可创建分支或网状结构，以便直接、未经中介地跳转到相关信息片段。从某种意义上说，超文本链接赋予了文本交叉引用的功能，用户能够即时访问其目标信息段”。

从计算机科学的角度，超文本是由无数分散却有机的信息节点（Node）和功能链（Link）构成的信息网络的统称。在超文本中，节点是承载信息最基本和最小的单位，但其自身又可以通过信息的自体裂变进行无穷尽的节点复制，因此，节点也可以表示为单一信息或一组相关信息的数据集群。

节点的物质载体表现为文本、数字、图像、图形、动画、音频、视频及一般的计算机或网络程序。

因功能与应用的差异，节点分为表现型与结构型两种类型。

表现型媒介节点用以承载和中转媒介化的信息，如文字节点、音乐节点、视频节点等。

结构型程序节点用以建构、记录、跟随和表达程序间的链接关系。结构型程序节点在程序的运行中起到目录、索引和指向的作用。

因表现方法的差异，节点分为以下几种类型：

①文字节点。文字节点是万维网上最早出现的超文本节点，由纯文字式的新闻、报道、文章及目录导航组成。超文本设计者通过改变字体、字号、颜色或通过增加文字的下划线来提醒用户超文本链接的位置，以鼓励其进入另一层文本的浏览探索。

②数字节点。严格意义上，数字节点属于文字节点，由数字组成，在百科类、词典类、历史文献类超文本中大量存在。在数据可视化新闻、数据动图的制作中，数字节点的动态模式与信息关联形态成为交互设计的重心。

③图形节点。图形节点以统计图形的形态存在于超文本中，图形的全部或图形的某一色块、数据区域均可成为节点。图形节点是数据新闻的关键，对节点内容的有效管理和量化控制，可帮助设计者提升数据新闻的阅读友好性和数据亲信性，使其避免沉迷于图形节点设计的炫技之中。

④图像节点。一副图画或一帧视频中的影像均可成为图像节点。图像节点与文字节点互为补充，赋予了早期互联网视觉性的意义。在移动互联网的环境中，图像节点的出现和大量使用，也成为一种提升阅读体验、增强文字节点浏览愉悦性的有效手段。

⑤音频节点。音频节点是由语音、音乐、音响组成的节点，音频节点被广泛应用于程序间功能激发、节点与节点间内容交换的增效提示中，以帮助用户以听觉的方式捕捉使用

行为的信息。音频节点是音频类应用、音频数据库的基础节点。

⑥视频节点。视频节点由动画、动图、长视频和短视频构成，是新媒体视频网站与应用中的基础节点。

⑦导航节点。导航节点也被称为导引节点和按钮节点，它通过导航指示标、图示性的按钮来进行节点信息的提示，帮助用户以简单直观的方式发现下一层节点的位置。

⑧混合媒体节点。混合媒体节点是多种媒体信息混搭所形成的复杂型节点。混合媒体节点的应用早期多出现于多媒体音像出版作品的导航页面中，后来渐进发展至网页设计中。此类型的导航页面多以拼贴式的方式将文字、音频、图片、视频段落进行有机组合，鼓励用户自行探索。

⑨组织架构型节点。由目录、索引、序列导航节点组成的组织架构型节点负责对整体内容的规制与协调。

⑩推理型节点。推理型节点负责协调对象节点和规则节点。对象节点主要用来描述对象的性质，规则节点则用来存放规则，指明符合规则的对象，判定规则是否被使用，以及对规则进行解释说明等。

节点的搭建是超文本架构的关键所在，而链则是节点与节点之间的信息连接的方法。链的目的仅有一个，也就是建立起节点与节点之间的联系。从功能区分上，链可分为链源、链宿。某个链的起始端即为链源。链源是节点信息连接的最初动力，以热字、热区、图元等节点表达；链宿则是链的方向归属，是链接的目的地，由另一个节点完成。

通过节点的不断生产与链的不断关联，超文本实现了文本、信息、知识之间的工具化交融，帮助文本交互的日常化使用获得了全新的新媒体哲学意义。如果说麦克卢汉的“地球村”仅是一种互联网萌芽时代的乌托邦想象的话，超文本则使得这一乌托邦想象插上了自由飞翔的翅膀。超文本使得麦克卢汉的“泛媒介环境”的潜台词得到了未来传播学的背书，并使得每一位媒介场域中的现代人都有可能在将来的某个时刻以一种节点或节点操作者的角色进入全媒介化的信息网络，实现人与媒介界面、人与社会界面、人与自然界面的交互。

三、 超文本的文化意义

超文本的功能魅力激发了计算机科学家和程序员的创意激情。1968 年，美国布朗大学成功研究出超文本编辑系统，该系统成为世界上第一个具有工作能力的超文本系统；同年布朗大学的 FRESS 文件检索与编辑系统面世。之后的数十年中，基于各种工作环境的超文本系统被不断研发成功。麻省理工学院建筑机械组研制的“白杨城影片地图”（Aspen Movie Map），被认为是一个具有视觉效果的超媒体工作平台，能帮助使用者进行类 3D 的地图信息搜索。Xerox 公司的 NoteCards、布朗大学的 Intermedia、OWL 公司的 Guide 和苹果公司的 HyperCard 纷纷出炉，进入市场，为万维网出现之前的计算机用户提供了数字化交互设计和交互应用的程序基础。

超文本不仅在技术上实现了数字文档与信息的网络化编辑与组合的可能，更引发了传播学意义上深刻的文化反思。

其一，超文本实现了人类非线性思维模式的物质转化与数字构型，其通过非线性书写、编辑、观看与传播体现知识的非线性创造。

人类思维模式的非线性状态与联想关联一旦呈现在文字或媒介之中，就会表现出一种无逻辑、非理性的结构状态，但借助超文本的框架规约与节点控制，人类思维模式中的发散状态被有效地整合在“节点与链”的结构树中，并具有了具象的表达模型。无论是在传统互联网的网页设计中，还是在移动互联网的应用设计中，我们都可以清晰地看到设计者们在超文本层级与非线性结构方面所依循的发散却关联的思维模式。

其二，超文本意味着人类社会的所有信息、资讯和媒介都可以通过某种节点与链逻辑实现功能的关联与意义的呼应，都可以超文本化链接，产生意义的关联。

信息、资讯与媒介的超文本转化，是一种传播过程与传播行为的重构，对实现人类理想的知识共同体的建设具有深远的意义。另一方面，超文本的使用者也许不会去思考信息与信息之间如何以一种知识逻辑和技术框架的方式关联在一起，但在使用中能体验到一种简单而又无限循环的超文本点击愉悦。媒介环境论者所诟病的“信息内爆”在这种无穷尽的超文本信息流中悄然出现，诱惑用户在不断点击和连续刷屏的动作中，享受动作所带来的简单重复的愉悦感，沉溺于信息的更新与冲击中。

延伸阅读

内爆是由加拿大学者马歇尔·麦克卢汉（1911—1980）在《理解媒介》（*Understanding the Media*，1964）第一版的序言中提出来的概念。麦克卢汉说：“凭借分解切割的、机械的技术，西方世界取得了三千年的爆炸性增长。现在它正在经历内爆（Implosion）。在机械时代，我们完成了身体在空间范围内的延伸，以至于能拥抱全球。就我们这个行星而言，时间差异和空间差异已不复存在。我们正在迅速逼近人类延伸的最后一个阶段——从技术上模拟意识的阶段。在这个阶段，创造性的认识过程将会在群体中和在总体上得到延伸，并进入人类社会的一切领域，正像我们的感觉器官和神经系统凭借各种媒介而得以延伸一样。”①

其三，超文本使全球数据库和信息库的建立具有了实践的意义，最终推动了全球搜索与知识共创时代的到来。

全球数据库和信息库的建立，因为超文本的出现而突然具有了意义。国家成为节点，国际间传播成为链，国家节点之下又分出无数的分支节点与链接，从而将全球知识网以一种物理化的形式关联在一起。这一曾经的技术空想，是具有超文本操作的现实可能性的。但如何跨越政治、经济、社会与文化壁垒实现全球知识网的建设，却是一个永恒的难题。之后数十年搜索引擎的在地化发展和网络版开放百科的成功，恰是对超文本这一文化意义的验证，但同时，也引发了更深层次的思考与批判。

① 麦克卢汉．理解媒介——论人的延伸［M］．何道宽，译．北京：商务印书馆，2000：37.

超文本从信息链接服务延伸向数据库服务，从人与文档的交互延伸向人机交互，从网络设计走向智能应用，为交互传播的发展奠定了现实基础。

延伸阅读

维基百科（Wikipedia），其英文标题是由 Wiki 与 Cyclopedia 合并而来的混合词，发音源于夏威夷语的“Wee Kee Wee Kee”，意为“快点快点”。1994 年，沃德·库宁汉姆（Ward Cunningham）在美国檀香山机场突然想到 Wiki Wiki 一词，希望借音将 World Wide Web 的概念引申建立一个 Wiki Wiki Web。2001 年 1 月 10 日 Bomis 网站的总裁吉米·威尔士发起建立维基百科，Wiki 从此成为一种知识分享的新趋势。

Wiki 是一种超文本系统，支持面向社群的协作式写作，同时也包括一组支持超文本写作的辅助工具。维基百科是一个基于维基技术的全球性多语言百科全书协作计划，同时也是一部用多种语言编成的网络百科全书，其目标及宗旨是为全人类提供自由的百科全书——用他们所选择的语言书写而成，是一个动态、可自由访问和编辑的全球知识体，并且在许多国家相当普及。其口号为“维基百科，自由的百科全书”。

第三节　交互叙事

一、初代超媒体的探索

超文本的大行其道，也使得超媒体这一概念浮出水面，尤其是超媒体所关注的图像、音视频的超文本链接，使得早期的新媒体学者每每在超媒体的讨论中，聚焦于以下三个方面。其一，个人计算机是否可以超越以往的所有形态的媒介终端，形成阅读、视听、书写与创作的“超级媒体”终端？其二，万维网（World Wide Web）一旦具有了承载文字、音频和视频的复杂功能，是否也就意味着另一个“超级媒介”界面诞生于世？其三，当移动终端和智能电话进入市场，其灵巧便携的物理属性、多媒体整合应用的功能是否意味着移动超媒体将是新媒体的未来？

以上种种观点与争论，时隐时现，各有其理，但都对泰德·尼尔森最初的“超媒体”概念予以时代性的标注和解释。泰德·尼尔森的“超媒体”本意，恰如其对“超文本”数据网络的“世外桃源化”的想象一样，是试图建立一个独立于世的媒体文本库，媒体文本间通过关键节点进行关联；用户可以自由徜徉于其间，完成媒体内容的消费、体验。但这一“超媒体文本库”拒绝改写，具有强大的版权保护和知识产权监督意义，用户进入其中，自行就带有角色标签——内容生产者、归档者、节点制作者、观看与使用者。虽然其角色分类仍然不可避免带有传统媒体的资料库色彩，但其“超媒体”的绚丽描述仍然吸引了无数拥趸的关注。

无论是关于个人计算机和智能电话作为“超媒体”终端的思考，还是关于万维网作为“超媒体界面”的探讨，都是对多媒体化的交互功能的工具化探索。如何实现更为简易、便捷、用户友好的超媒体文本制作、观看与分享是“超媒体”概念演进中的永恒主题。时代的进步带来科技观念和新媒体技术哲学的更新，各种相似于“超媒体”的新概念、新术语也是你方唱罢我登场。“多媒体”“平台媒体”“泛媒体”“全媒体”“媒体云”等，都是技术哲学和知识哲学对“超媒体”进行当下性诠释与发展所产生的新词语。

延伸阅读

“平台媒体”即“平台型媒体”，是美国社交媒体网站创始人乔纳森·格里克（Jonathan Glick）于 2014 年 2 月在科技新闻平台 Re/Code 上发表《平台型媒体的崛起》（*Rise of the Platishers*）一文时所创的一个概念，他用“Platisher”来指称“平台型（Platform）”和“出版型（Publisher）”媒体的交集与融合状态。[①]

1987 年，在万维网尚未为广大互联网用户知晓之前，超级栈卡（Hypercard）研发成功，并被迅速应用于苹果麦金塔系统之中，成功为办公自动化的文档交换、基于 CD-ROM 的电子辞典设计和导航图、视觉化的交互小说及游戏设计提供了系统及多媒体文本链接的解决方案。1993 年，盛行一时的《神秘岛》（*Myst*）游戏上市，开发者坦言超级栈卡帮助他们完成了 2 500 张虚拟游戏卡的制作与链接，最终使《神秘岛》成为魔幻类解谜探险游戏的经典制作。

在《神秘岛》文本设定中，你可以通过移动手型指针触摸书本，进入一个全新的神秘世界，而这一个又一个连续或平行的神秘世界的创造者，正是神秘岛的终极主宰 Atrus，他拥有着写字而创世的能力。但他未曾料到的是，他的两个儿子 Sirrus 和 Achenar 却不小心激发了家中的“世界书”，从此陷落在两本“世界书”之中。玩家需要层层解谜，不断激活其他的“世界书”去寻找答案，最终完成拯救。《神秘岛》之后石船纪元（Stoneship）、贫瘠纪元（Selenetic）、机械纪元（Mechanical）等版本出现，书本被换成了石船上的舱房、声音迷宫和机械城堡等，但超级栈卡最初的交互理念却一直保留了下来。

① 参见 GLICK J. Rise of the platishers：It's something in between a publisher and a platform［EB/OL］. https：//www.vox.com/2014/2/7/11623214/rise-of-the-platishers.

在此世界中隐藏着无数谜题，玩家必须通过触摸激活，书写完成不同的平行世界的探索，才能最终找到答案。

图 4-6 1883 年《神秘岛》游戏光盘封面

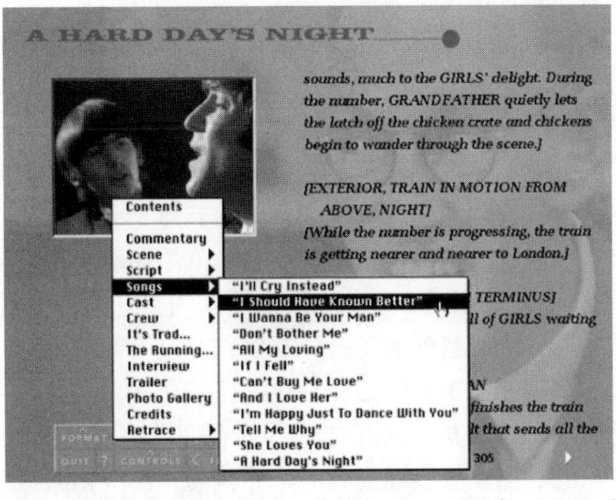

图 4-7 披头士乐队《艰难一夜》(***A Hard Day's Night***) 多媒体 CD-ROM 出版物，被冠以“超媒体”之名

超媒体是超文本概念的实践延伸，虽然失去了其理论的经典性和学术认同，但其表述上的接地气和草根化，使其成为新媒体视听领域研发早期广为人知的一个概念。1984 年之后苹果麦金塔一代发行，1985 年 windows 1.0 上市，1991 年万维网公共服务开通。借助个人电脑、图形视窗和万维网的大众化使用，超文本和超媒体的知识和使用，迅速在新媒体的新用户群中得以普及。

二、 跨媒体叙事

跨媒体叙事在“超媒体”与“多媒体”等概念市场化的过程中出现。如果说“超”

“多”所描述的是一种基于传统媒体的类型划分而形成的功能延伸型状态，跨媒体则表达了新型数字与网络环境中，媒介文本与表达方式因平台与介质的变化而发生的叙事转型。

跨媒体叙事指的是借助计算机程序建模和超文本原理，实现传统媒体平台与新媒体平台的叙事链接，完成一则或一系列故事的讲述、报道，跨媒体叙事实现了突破媒介物质屏障的叙事交互。

延伸阅读

2004年，叙事学者玛丽-劳尔·瑞安（Marie-Laure Rya）出版《跨媒体叙事：故事讲述的语言（叙事前沿）》[*Narrative across Media*：*The Languages of Storytelling*（*Frontiers of Narrative*）] 一书，较早地使用了“跨媒体叙事”这一概念，随后的10年中，此概念频繁出现于多媒体、游戏、交互文本研究之中。

跨媒体叙事是在传统媒体与新媒体的交锋中出现的一种文本观和叙事观，既有实际操作的意义，又呈现出一定的理论思辨性。它脱胎于计算机与网络对传统媒介内容的翻译、转录和上传的行为思索中，逐渐演变为同一媒介文本在相异的媒介载体上实现交互叙事的实验性探索。跨媒体叙事借用了叙事学理论的术语，对传统媒体与新媒体中的叙事文本进行跨界关联，以探讨其意义生产之间的关系形态与传播机制。

跨媒体叙事具有越界性、模块化和重构性等多重特点。

越界性表征为跨媒体叙事需要调动多种表达手段和媒体平台，对同一或系列叙事进行跨界联动，在不同媒体上搭建相应的叙事环境，并为其建立关键性节点，便于其在被阅读过程中实现自行或被动的跨越。曾经在报纸、杂志和纸质印刷物中频频出现的二维码阅读标，指引读者前往社交媒体或网页，完成跨媒体受众引导，就是其跨界性特点的典型表现。读者在社交媒体和网页中接触到的是另一层信息节点展开的叙事时空。

模块化表现为故事呈现和叙事策略的碎片化、段落化和分散化的一种处理机制。因受限于传统媒体的线性时空，又困扰于新媒体的界面空间，跨媒体叙事必须结合两者长处，平衡相异媒体的叙事悬念，实现故事线温和的跨界转场。模块化的特点在跨媒体编创与出版中表现明显。

重构性表征为跨媒体叙事的开放性对读者/受众/用户理解与读解其意义的影响。跨媒体叙事的读解是不断探索、寻找的过程，也是用户在其中重构故事的宇宙观，整合叙事模块，进行叙事线多次重组的过程。2014年Hachette Book Group USA出版了J. J. 亚伯拉罕和道格·道斯特创制的交互小说《S》，由于该书中出现过多的异质媒介，导致美国国会图书馆的抵制。该书不可借阅，只能购买收藏。打开《S》书封之后，读者会惊奇地发现一本图书馆藏品模样的旧书《忒修斯之舰》(*Ship of Theseus*)，书页间夹杂着旧照片、明信片、泛黄信件，甚至还有一大块纸巾散乱出现。泛黄的书页被密密麻麻、不同颜色的笔记记满，那是两位大学生简（Jen）和埃里克（Eric）在借阅该书时记下的手记，手记跨越不同时期，更换不同颜色的笔，最终铺满所有页面。如果读者跟随笔记、明信片、照片去搜索引擎中再度挖掘，还会看到更为丰富的故事线的展开。2019 年电视剧作品《亲爱的，热爱的》故事线中，内嵌了“网易云音乐”音乐社交平台的虚拟故事线，观众若打开“网易云音乐”浏览，也会发现剧中人物在云音乐平台的另一个支线情节。跨媒体叙事的重构性特征是对读者/受众/用户体验感的叙事性召唤，鼓励其自由游走在故事线的发散网络中，进行故事的自我组合、理解与想象。

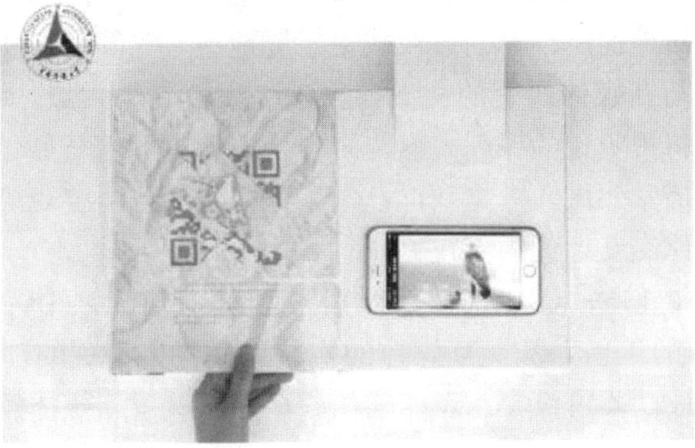

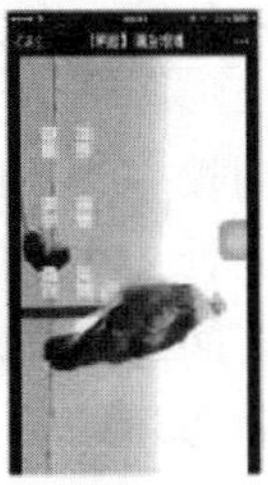

将信封中的七巧板沿虚线撕开，并拼贴至左侧空缺处，即可得到完整二维码。手机扫描进入游戏。

RART1
CHAPTER5 受难

用羽毛笔填补鹗的尾羽，即可得到完整的鹗。

RART2
CHAPTER1 鹗

图 4-8 中国传媒大学编辑出版学专业（新媒体方向）的同学完成的《鸷羽》《小广告》等作品，充分发挥了跨媒体叙事的模块化特点，对文本内容进行了有机的组合与分配，使叙事、信息、图像、音视频实现均衡链接

三、 交互叙事的跨学科定位

从跨媒体到多媒体，直至全媒体与泛媒体概念的出现，新媒体交互叙事的想象与实践也跨越了 30 年的征程，形成了崭新的媒介气象。20 世纪 90 年代的“跨媒体叙事”的交互文学实验，21 世纪初“移动媒体叙事”的新闻探索，受到自媒体用户内容生产与新闻机器人、聊天机器人所激发的传播新浪潮的冲击而逐渐沉淀下来，形成了新媒体语言、文本与叙事研究中独特的跨学科研究趋势。在此过程中，交互叙事也受到各类型交互媒体的市场化实验与营销模式探寻中的胜利、失败与迷惘的影响，开始寻找其自身的学科定位。

交互叙事首先呼唤的是人文艺术学与计算机科学的交叉创新。在文学领域，网络小说、交互写作、数字阅读的新业态不断激发文学创作与传播环境的交互新模式。在艺术学领域，交互装置、先锋艺术、沉浸体验等开发出人类从未遇到过的交互艺术场景与商用模式，如博物馆与艺术馆中的历史文献与参观者的交互，艺术展品对参观者的浸润式邀请，商店橱窗中的交互屏，购物商场地面所铺设的游戏式交互屏地垫，等等，不胜枚举。

交互叙事也强调社会科学与新媒体研究的交叉与互动。在教育学领域，混合式慕课、翻转课堂和互动教室的推广，将视听化的课程内容与游戏化的课堂问答巧妙结合，形成全新的交互教学场景。在新闻传播学领域，数据新闻、360 度新闻、新闻游戏等新闻类型的出现，架设了新闻理论与新媒体交互理论的实践关联。

交互叙事正以不可阻挡的趋势进入 21 世纪跨学科发展的新视野之中，引发了一场从交互功能的开发到交互文本的编创，从交互媒体的实验到交互传播观的理念变迁。

交互叙事对交互媒体的形成功不可没，二者相辅相成，并成就了新媒体发展史上最为亮丽的一道风景。超文本语言与超媒体应用环境的友好升级，为交互媒体的探索铺就了道路。如何突破原有媒介载体的物理介质，改写其物质性的功能原罪，解构媒介文本在原传播环境中的固态模式，成为早期交互媒体实验的核心目标。交互媒体的先行者们尝试借助计算机、网络、移动终端，通过内嵌多视窗模式、网页分屏、非线性故事导航按钮、用户嵌入等多种模式进行产品研发，形成了下文中的种种实践与探索。

第四节　交互媒体的实践与探索

一、交互小说

交互小说最初特指以超文本语言完成的光盘或网页版小说。道格拉斯·库珀的《精神错乱》（*Delirium*）1994 年完成，上线后引起广泛讨论。该小说设计了四个平行的故事线，允许读者在四个平行时空中自由穿梭，但其交互性较差，读者的代入感也较弱，其更类似一种网页导航式的故事探索，准确地说，更似超文本小说而非交互小说。真正意义上的交互小说诞生于 1996 年 6 月 21 日，鲍比·拉比（又名罗伯特·阿雷拉诺）上线推出《阳光 69》（*Sunshine 69*），该部小说的阅读界面中内嵌地图导航、非线性的场景日历和字符秘盒，读者可通过导航和字符秘盒的选取进入 9 个完全不同的叙事视点，进行故事的读取。1997 年，马克·阿梅里卡的《格拉玛特龙》（*GRAMMATRON*）以一种交互写作和网页装置艺术的混搭模式问世。之后的数年中，斯图尔特·穆尔思罗普的《赫吉拉普》（*Hegirascope*）（1995 年，1997 年）、《未知》（*The Unknown*）、《公司治疗师》（*The Company Therapist*）（1996—1999 年），凯特琳·费舍尔的《女孩之波》（*These Waves of Girls*）（2001 年），斯蒂芬·马尔奇的《露西·哈丁的失踪时期》（*Lucy Hardin's Missing Period*）（2010 年）和保罗·拉·法尔格的《发光飞机》（*Luminous Airplanes*）（2011 年），这些交互小说，充满着浓郁的交互叙事探索的独立性和艺术性，成为不可多得的艺术文本。它们在文本形式、图像导航和音视频嵌入等功能性机理的创新上既带有实验艺术的特点，也具有强烈的新媒体技术批判的视野。比如说，凯特琳·费舍尔的交互小说《女孩之波》呈现出三个平行却又相连的时空段，小说的主人公通过记忆探索自己童年、青春期和成年期对自己的成长具有关键性影响的时空节点，这些时空节点上散轶着凌乱的文字、照片、短视频片段、可操作的 GIF 图像、动画和声音段落等，等待着误入的读者帮助小说主人公重新发现自己。

与此同时，众多模仿文字类 MUD 游戏的交互小说也纷纷问世，早期的作品如安德鲁·普罗汀的《蜘蛛与蛛网》（*Spider and Web*）（1997 年）、艾米丽·肖特的《加拉蒂亚》（*Galatea*）（2000 年），此类型小说多以探险传奇为开场，是交互小说里的通俗类作品的代表。

2015 前后，随着 VR 与游戏技术的逐渐成熟，沉浸式交互绘本与交互漫画、游戏小说和 VR 小说逐渐浮现。沉浸式交互小说中角色都会以虚拟人物的形态出现，用户通过佩戴 VR 眼镜，通过目标任务的线索寻找隐藏在画面与场景深处的线索，以亲身经历的沉浸感深入了解剧情以及人物成长，从而完成叙事冒险之旅。

2017 年《纳米机器人：事件一》（*Nanite Fulcrum*：*Issue One*）作为美国 Oculus 公司研发 3 年的交互式漫画小说成果终于面世。该作品结合了动漫和游戏的元素，不仅具有传统美漫特征，也具有全景交互的设定模块。如果用户在眼前发现一个蓝色轮廓的话，便能通过虚拟手触进入选择一个新的小说场景，而原先的漫画画面则会立刻转化为 3D 虚拟场景，体验者立刻可以身临其境与故事中的情节与人物形成交互。

图 4－9　《纳米机器人：事件一》的开篇画面

图 4－10　《纳米机器人》网页图示

二、 交互装置与交互设计

随着新媒体技术在艺术创作领域的渗透，艺术观念也在发生着不断的更新。装置艺术家们意识到计算机、互联网、体感交互对艺术新语言和新表现手法带来的巨大影响。早在20世纪20年代，未来主义和立体主义的艺术家们就已经在思考如何通过动态化的艺术活动重构艺术展演与表现的领域。借助荧光灯、霓虹灯、集成电路完成的光艺术装置，通过计算机控制激光、卤素光、发光二极管的灯复合系统所构成的“活动艺术装置”成为艺术家们探索交互艺术的灵感体现。20世纪80年代后期，交互装置艺术逐渐发展成为对周围展演环境和观众的行为具有反馈、感应的一种新媒体艺术。21世纪以来，交互装置艺术创作的理念在中国高等艺术院校中蓬勃发展，推动了基于中国交互艺术创作的种种新媒体艺术展的出现。

图4－11 美国新媒体艺术先锋克里斯·米尔克（Chris Milk）的作品《圣堂的背叛》（*The Treachery of Sanctuary*）由三块巨大的白色屏幕以及屏幕前放置的一滩充当镜面的水池组成。参与者站在水池前的区域，通过微软Kinect体感监控探头和红外线探测器，完成三个阶段的“飞翔”体验

特拉韦西亚斯·德卢兹的交互装置作品《漂浮之光》使用了两块10米×3米的低分辨率屏幕，参观者通过触摸屏幕上100个圆形灯管中的任意一个或多个开关，随心所欲地点亮或熄灭灯光，从而取出或者查看装置里面放置的一些文字或图片信息。该作品让每一位参与者参与到这个以灯光和色彩为基础的互动系统中，将灯光转化成城市空间中的充满艺术感的游戏

实用性、公共性的交互装置成为公共艺术、博物馆和科技馆中的宠儿。澳大利亚埃内斯工作室在地处澳大利亚墨尔本的马尔文卡布里尼医院中安装的《光之墙》（*LUMES*）则以一种公共艺术的方式承载着游戏、抚慰与健康传播的综合功能。该交互装置墙被安装在儿童就医等待区，可以根据儿童的触碰生成个性化的实时动画。在儿童经过、挥手或触摸的瞬间，植物生长，日升月落，小鸟飞舞，猫头鹰歌唱，15种交互场景随机出现。

图 4-12 交互装置作品《漂浮之光》(*Floating Lights*)

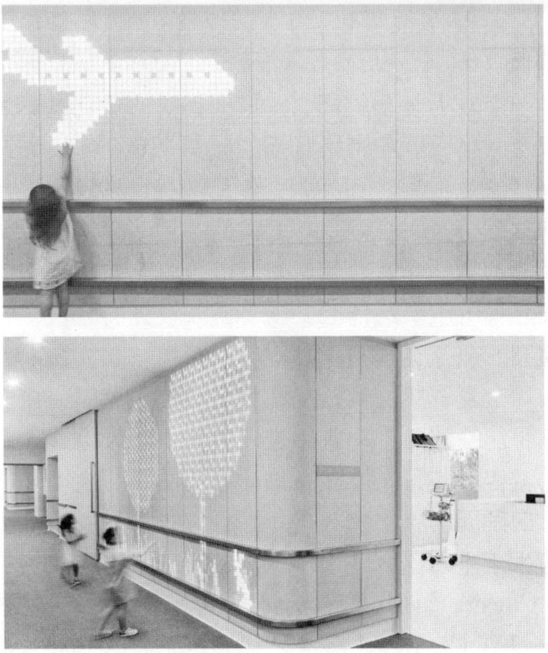

图 4-13 澳大利亚墨尔本的马尔文卡布里尼医院中的《光之墙》

在装置艺术从艺术展演走向大众的同时，交互设计也作为交叉性的新学科和工业设计的新方向出现了。交互设计在传统的人机交互、工业介面设计的实践和来自装置艺术家们层出不穷的灵性光晕的影响下，逐渐将更具艺术性和设计感，强调用户与环境、用户与产品、用户与内容之间的交互体验的作品贡献给大众。交互设计从“可用性”和“用户体验”的视角出发，以艺术的手法在充满社会复杂性和文化多样性的物质介面中嵌入信息技术，开拓了新媒体时代重新界定人类日常经验、信息消费、传播行为的设计新领域。

图 4－14　由中国柳州飞熊网络科技有限公司与深圳瑞立视多媒体科技有限公司的交互设计团队共同设计的 VR 体验型交互装置《家庭消防逃生》的体验介面。江西柳州科技馆

三、交互（音）视频

交互（音）视频是一个较为复杂的概念。早期粗糙的交互电影实验，充满挫败的交互电视的商业化运营，以及网络视频与网络直播的异军突起，都对交互（音）视频的发展产生了一定的影响。交互（音）视频，宽泛而言，是指观众可以通过与播出平台、介面与系统的指令交换，影响和改变（音）视频呈现方式的一种新媒体视听文化样态。

交互电影是交互视频的最初尝试，其后交互电视、交互剧、交互直播的出现，不断丰富新媒体传播领域的交互视听叙事的体验。随着游戏设计的轻量化转型，移动游戏应用的旺盛兴起，基于游戏模型的交互类视频作品也登陆市场，尤其在人工智能与虚拟现实技术进入视频生产领域之后，交互视频的实践空间就变得更为宽广。在交互视频曲折前进的路程中，交互音频也借助智能终端与移动应用进入市场，聊天机器人、智能助手等虚拟角色成为移动传播环境中的常客，其每每漂浮在移动终端的介面中，轻轻触及即可启动。下文主要聚焦"交互视频"的发展。

交互电影的理念萌生于电影艺术与舞台间离效果理论争战的混沌领域。1967 年，拉迪兹·希涅拉（Radúz Činčera）创作的交互电影《自动电影》（*Kinoautomat*）在蒙特利尔世博会的影院中放映，没有 CD-ROM 技术，计算机远在天边，移动电话更是飘渺无踪，主持人需要在电影中途不断上台，请求观众在两个可供选择的场景中抉择，以投票数决定故事之后的发展。这种强硬干预电影观影体验的互动场景，在之后 50 年的交互电影的实验中仍然不断出现。当然，随着移动通信技术的发展、智能电话的普及以及剧情型应用在移动终端上的成功进驻，交互电影也逐渐从现场投票的剧场体验中逐渐走出，进入移动屏幕的世界。

1998 年，交互电影《柔情蜜意》（*Tender Loving Care*）以剧情游戏版本进入 Windows 的游戏商店中，卡伦·马什（Calum Marsh）在《交互电影的生与死》一文中将《柔情蜜意》界定为电影史上真正意义上的一部交互电影。

在剧院环境中，交互电影仍然作为一种实验电影的模式存在着，因此也鲜有影响深广

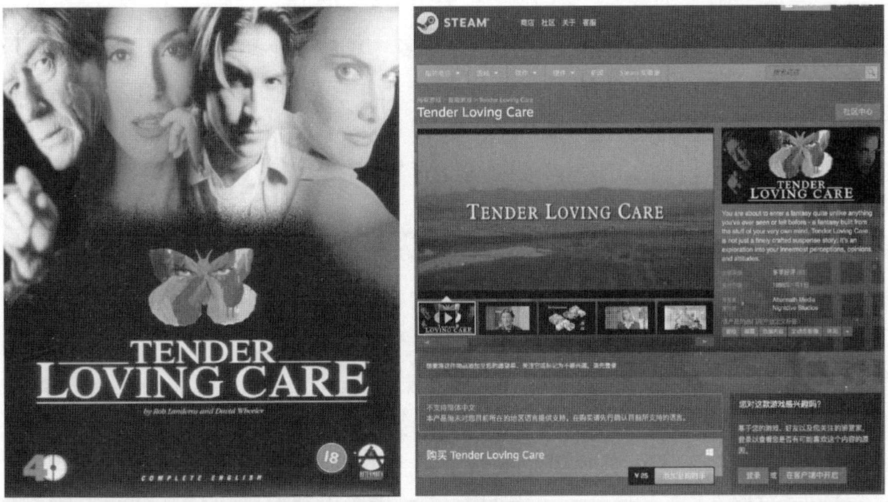

图 4 - 15　1998 年，《柔情蜜意》海报。该部作品至今仍在 STEAM 上销售。游戏玩家在评论区点评道：不具游戏的可玩性，但有老电影的可看性

的作品流传，很多剧场版的交互电影都是小成本或商业型的广告微电影。受限于剧院环境、电影播出界面等种种限制，交互电影的探索性、独立性更为凸显。

2019 年，美国网络视频服务商 Netflix 推出《黑镜：潘达斯奈基》，该作品成为在电视及视频平台播出的交互式电视电影成功之作，荣获第 71 届艾美奖最佳电视电影奖。该部电视电影片长仅为 90 分钟，但延伸性交互总时长达到了 312 分钟，观众可以通过选择主人公、选择剧情支线，在观看中探寻和掌控电影剧情的发展。

图 4 - 16　在伦敦剧院中放映交互电影《夜班》时的观众选择场景

交互电视的概念则更为复杂。有观点认为IPTV和智能电视是交互电视在新媒体环境中的新形态，在此观点的引导下，数字电视与多功能电视网的全球推进成为一种国际共识；但反驳者认为此两种形态的所谓“增强型交互”仅是对遥控器和电视终端的扩容性发展，并不具备真正意义上的交互传播理念。有观点认为交互电视应能充分体现观众对电视播出内容的自由选择和强硬干预，在此观点的鼓吹下，交互电视节目成为一种电视、视频、直播的新风潮，如AB剧，开放式剧情——由观众选择A情节或B情节——在商业有线电视网中开始尝试。HBO《欲望都市》的主创团队制作了三版大结局，相似的场景，相异的结局，短短的对话却指向剧中人物命运的不同方向。面对交互式体育直播，交互式真人秀，观众可以选择镜头和机位，进行更为上帝视角的观看。2019年10月1日，快手直播平台开通“多链路直播间”直播“70小时国庆特别节目”。在此直播间中，观众和用户可以在央视大屏信号之外，随机选择其他6路特殊视角的镜头，如高空视角、地面视角、远景视角、近景视角等，交互视频的观看选择权完全在用户手中。

交互剧的发展依循了两种模式：一种是基于视频播出平台的剧情类的交互剧，如我国优酷、爱奇艺、腾讯、Bilibili等视频应用服务商推出的《他的微笑》《大唐女法医》；一种是更强调游戏体验的游戏类交互剧，如《忘忧镇》《古董局中局》《隐形守护者》等。

本章小结

一、交互无所不在，自人类传播活动出现以来，交互就以各种形式存在。在计算机科学层面，交互主要指涉人机交互，研究人和计算机之间的信息交换。在系统层面，交互意味着传播行为与传播模式的非线性、开放性重构能力。在结构功能论的视野中，交互赋权了未来传播环境中人类与计算机、数据库、场景式应用的智能化工作模式。在文本层面，交互指涉新媒体用户对所访问的文字、图像、视音频文本的干预、改变的能力。

二、交互叙事是人文艺术学与计算机科学的交叉创新。在文学领域，网络小说、交互写作、数字阅读的新业态不断激发文学创作与传播环境的交互新模式。在艺术领域，交互装置、先锋艺术、沉浸体验等开发出人类从未遇到过的交互艺术场景与商用模式，如博物馆与艺术馆中的历史文献与参观者的交互，艺术展品对参观者的浸润式邀请，商店橱窗中的交互屏，购物商场地面所铺设的游戏式交互屏地垫，等等，不胜枚举。

三、交互叙事是社会科学与新媒体研究的交叉与互动。在教育学领域，混合式慕课、翻转课堂和互动教室的推广，将视听化的课程内容与游戏化的课堂问答巧妙结合，形成全新的交互教学场景。在新闻传播学领域，数据新闻、360度新闻、新闻游戏等新闻类型的出现，架设了新闻理论与新媒体交互理论的实践关联。

思考与研讨题

1. 你如何理解新媒体传播中的“交互”的意义？
2. 交互对于新媒体编创的技术意义与文化意义是什么？
3. 交互对人类的传播行为与传播模式产生了怎样的影响？

Chapter 5

第五章　融合：转型、迷思与应用

- 媒体融合的概念
- 媒体融合的全球发展
- 媒体融合的本土实践
- 传播学批判视域中的媒体融合

媒体融合 媒体融合是 Media Convergence 的直译词，是美国学者亨利·詹金斯（Henry Jenkins）在 2006 年出版的《融合文化：新旧媒体的融合》（*Convergence Culture：Where Old and New Media Collide*）一书中所创的新词组合，以描绘新旧媒体相互交汇融合的文化共生状态。

第一节 媒体融合的概念

一、媒体融合的时代背景

10 年前，当媒体融合这一过于简单、状态描述性的组合词在西方新媒体评论中出现的时候，研究者们对其提出种种质疑：媒体融合是新媒体化的大资本试验田吗？媒体融合产生新的意义吗？媒体融合仅意味着传统媒体的自我消融与新媒体的吞并？媒体融合是否能释放出新闻传播或社会文化变革性驱动力量？人类自身又如何在消费、浸润媒体融合的全媒化产品的同时，保持冷静客观理性的“受众与用户身份”，并从容抵抗过度融合的媒体环境那物质化的控制？种种声音不断出现。追随者欢呼新理念与新力量的出现，反对者却希望人们能警惕媒体融合所带来的信息茧房、资本干预与媒体托拉斯的霸权。但无论如何，媒体融合改变了新闻传播的系统机制与思维模式是不争的事实。当媒体融合所带来的媒体生态的宏观转型，事实上已然成为全球资本和媒体政策的重新布局的动力之时，媒体融合所引发的文化力量也推动了新闻生产、传播范式与社会的知识结构的重塑。

2010 年 1 月 13 日，国务院常务会议召开。会议决定加快推进我国电信网、广播电视网和互联网三网融合。2010 年 3 月 12 日，工业和信息化部正式宣布，三网融合试点方案将在 2010 年 6 月启动，2010 年至 2012 年广电和电信业务双向进入试点。

近年来，随着数字视听生产、传播、终端及设备等技术的高速发展与普及，我国传统媒体加快了推进媒体融合、内容生产与传播思维观念创新的步伐。2014 年 8 月 18 日，中央全面深化改革领导小组第四次会议审议通过了《关于推动传统媒体和新兴媒体融合发展的指导意见》。该意见指出，推动传统媒体和新兴媒体融合发展，要遵循新闻传播规律和新兴媒体发展规律，强化互联网思维，坚持传统媒体和新兴媒体优势互补、一体发展，坚持先进技术为支撑、内容建设为根本，推动传统媒体和新兴媒体在内容、渠道、平台、经营、管理等方面的深度融合，着力打造一批形态多样、手段先进、具有竞争力的新型主流媒体，建成几家拥有强大实力和传播力、公信力、影响力的新型媒体集团，形成立体多样、融合发展的现代传播体系。要一手抓融合，一手抓管理，确保融合发展沿着正确方向推进。该意见的印发标志着我国深度推进媒体融合的新起点。由融合观念到融合实践，传统媒体不断在思维迭代、产品创意、传播创新等方面进行升级与转型的积极尝试与探索。2016 年，原国家广电总局发布的《关于进一步加快广播电视媒体与新兴媒体融合发展的意见》认为“广播电视媒体与新兴媒体融合发展是大势所趋，是广播电视媒体革新图存、赢得未来的必由之路”①。

“三网融合”是中国媒体融合转型中出现的第一个聚焦技术革新的本土化概念。它的提出、变迁和执行，在一定程度上呼应着当下全球性媒体产业更新迭代的大趋势。“传统媒体和新兴媒体融合发展”的提出在呼应世界的前提下，观照本土，高屋建瓴地聚焦了新时代传播观与新媒体技术观的同步协调。

三网融合 三网融合是中国本土概念，指电信网、计算机网和有线电视网三大网络的物理、运维与服务的融合。

从三网融合到传统媒体和新兴媒体融合发展，中国发出了迥异于世界其他国家和地区的媒体融合之声。在中国，媒体融合所呈现的并不仅仅是一种媒介的进化、发展或变革，更是体现着深刻的马克思主义新闻观与本土新媒体产业化转型平行发展共谋大局的一种未来思路。中国的新闻传播、新媒体与媒体融合只能走中国的道路。

延伸阅读：“三网融合”概念的发展

1998年3月，以原体改委体改所副所长、时任粤海企业集团经济顾问王小强为负责人的“经济文化研究中心电讯产业课题组”，提出《中国电讯产业的发展战略》研究报告，这个报告引发了关于“三网合一”和“三网融合”的大辩论。当时，广电部门正在启动有线电视省级、国家级干线网建设。与此同时，中国邮电部和电子工业部完成合并，信息产业部正式成立，广电部更名为广电总局。《关于印发国家广播电影电视总局职能配置内设机构和人员编制规定的通知》（国办发〔1998〕92号）中有这样一段文字：“将原广播电影电视部的广播电视传送网（包括无线和有线电视网）的统筹规划与行业管理、组织制订广播电视传送网络的技术体制与标准的职能，交给信息产业部。”随后的1999年9月17日，国办发〔1999〕82号文件出台，该文件严格限制了“三网融合”的设计，明确规定：“电信部门不得从事广电业务，广电部门不得从事通信业务，双方必须坚决贯彻执行。”文件还指出：“广播电视及其传输网络，已成为国家信息化的重要组成部分。”这一禁令导致的僵局直到2001年才被打破。2001年3月15日通过的国家“十五”计划纲要第一次明确提出“三网融合”：“促进电信、电视、计算机三网融合。”

二、 媒体融合的界定与批判

媒体融合是新媒体环境下信息和通信技术、计算机网络和媒体内容相

① 国家广电总局．关于进一步加快广播电视媒体与新兴媒体融合发展的意见［EB/OL］．(2016－07－18)［2017－09－09］．http://www.nrta.gov.cn/art/2016/7/18/art_113_31297.html.

融互联的一种现象级的文化表现，它的出现推动了媒体内容在生产、发行、传播、反馈等过程中的全面数字化和网络化，推动形成了灵活而机动的“3C”[计算（Computer）、传播（Communication）和内容（Content）]交融合一的一模式。

延伸阅读

英国《大不列颠百科全书》援引澳大利亚学者泰瑞·弗卢（Terry Flew）提出的“3C”模式来描述媒体融合，将其界定为计算机驱动的信息技术、传播网络及媒体内容的多维度融合。

链接：https://www.britannica.com/topic/media-convergence.

媒体融合是新媒体研究在传统媒体式微、新型网络与媒体出现的技术性浪潮中逐渐生发出的概念。我国学者每每引用美国麻省理工学院浦尔的观点，认为媒体融合是各种媒介呈现出多功能一体化的发展趋势。美国新媒体 iFOCOS 互联网社会研究所创始人安德鲁．纳齐森（Andrew Nachison）的观点也频繁被引用，其认为媒体融合描绘了一种泛媒体联动的理想状态，并实现了印刷、音频、视频、互动性数字媒体组织之间的战略、操作、文化联盟。这两位学者对媒体融合的理解很大程度上影响了中国新闻传播教育界对此概念的界定。

媒体融合推动了报刊、广播电视、互联网、移动终端在技术使用和平台应用维度的趋同性发展。传统的报纸、广播电视要生存，必须将自身转化为具有网络及移动媒体功能的网络化形态；网络与移动媒体要满足用户内容消费的需求，必须向传统媒体借力，探索内容生产与分发的专业主义模式。在技术论的视野下，媒体融合所赋能的技术、平台、界面与传播渠道可以穿越传统媒体与新型媒体的壁垒，而实现内容与资源的共享共赢。

媒体融合鼓励政治资本、文化资本、技术资本与经济资本的打乱与重组，以适应新技术环境、新媒体产业的市场需求。大型媒体联合体、媒体帝国和新媒体产业矩阵的形成蔚为风潮，是媒体融合在市场与运营领域最鲜明的佐证。

媒体融合完成于传统媒体与新型网络和移动媒体的交战、妥协、互助与联动的传播场域，不仅表征了新与旧、传统与后现代的媒体观的对抗，也呈现了社会转型中温和的媒体改良派思想。

媒体融合改变了既定的行业、服务和工作实践，使全新的内容和形式得以出现。它侵蚀了历史悠久的传统媒体行业和传播链中的内容“孤岛”，将其从专业主义的理想国中剥离出来，将媒体内容与特定的物质性载体分离，将媒体内容消费的特定时间分散到阅听消费时间线的不同节点之中，从而实现真正意义上媒体消费时空的重组。

媒体融合与生俱来的技术吞并、产业扩张与文化强势必然导致小型媒体、地方媒体、弱技术媒体的全面崩溃；另一方面，媒体融合所带来的垄断性整合却是对崇尚创新与多元的新媒体传播哲学的背叛。21 世纪以来，西方社会出现的“反媒体融合论”即来源于此。

延伸阅读：融合意味着什么？

一种媒体的内容可能改变（如在电视取代广播成为叙事媒体之后，广播被解放出来成为摇滚乐的首选展示平台），受众可能变化（就像 20 世纪 50 年代漫画从主流媒体演变成今天的细分媒体），社会地位可能上升或下降（就像剧院从大众形式转变为精英形式），但是一旦某种媒体确立了……它就会继续在更为广泛的传播选项体系中发挥作用。一旦记录声音成为可能，我们就会继续开发新的、经过改进的录制和回放声音的手段。印刷文字并没有消灭口语交流。电影并没有消灭剧场。电视并没有消灭广播。每一类旧媒体都被迫与新兴媒体共存。这就是为什么作为一种理解过去几十年媒体变迁的方法而言，融合好像比过去的数字革命范式更为合理的原因所在。旧媒体并没有被取代，只是在一定程度上，它们的作用和地位由于新技术的引入而发生了变化。

……

融合改变了现有的技术、产业、市场、内容风格以及受众这些因素之间的关系。融合改变了媒体业运营以及媒体消费者对待新闻和娱乐的逻辑。融合所指的是一个过程，而不是终点……归功于传播渠道的极大丰富以及新的计算机信息处理技术和远程通信技术的便携特性，我们正步入一个媒体无所不在的时代。融合并不是等到某一天我们拥有了足够的带宽或解决了设备的正确配置问题后才发生的事情。不管我们是否准备好了，我们已经身处在融合文化之中。

在可以预知的未来，融合仍将是一种拼凑产物——体现出各种不同的媒体技术之间的草率组合关系——而不是一个完全整合在一起的系统。推动媒体融合的文化变迁、法律纷争以及经济合并等，先于技术基础设备的变迁而来临。

……媒体环境正在被两种表面上看来相互矛盾的趋势影响。一方面，新的媒体技术已经降低了制作生产和销售发行的成本，扩大了可资利用的内容承载渠道范围，并且让消费者以更为有效的方式来获取、评注、挪用以及循环传播媒体内容。同时，还存在着一种令人担忧的主流商业媒体所有权的集中现象，一小部分跨国媒体集团霸占了娱乐业的所有领域。

融合既是一个自上而下公司推行的过程，又是一个自下而上消费者推动的过程。公司融合和草根融合同时并存。

对于媒体集团来说，融合代表了一种扩张的机会，因为在某一领域获得成功的内容产品现在能够传播到其他的媒体平台上。另一方面，融合又代表了一种风险，因为大多数这种媒体害怕其市场碎片化或被侵蚀。他们每一次把观众从电视吸引到互联网上，都面临着消费者有可能再也不会来的危险。①

三、 媒体融合的类型

媒体融合在新媒体的技术与产业潮流中不断发展，概念的演进与类型研究的发散，传播

① 詹金斯．融合文化：新媒体与旧媒体的冲突地带［M］．杜永明，译．北京：商务印书馆，2012．

观念与文化理念的创新，也推动着媒体融合的动态实践与研究成为新闻学与传播学研究的中心。

从技术的角度而言，媒体融合是传统媒体自我淘汰换血重生的方法，媒体内容的数字化、网络化、移动化、平台化、智能化发展趋势必然使得新型媒体平台不断涌现，从而导致纸媒消亡、广播转型、电视革新，内容通过新型的物理载体输出。

从传播的视野观察，媒体融合是计算机、互联网、移动通信、智能终端等新型传播渠道颠覆传统传播模式的过程，是一个渐进发展、逐渐吞并兼容的行进式状态。在当前的技术条件下，媒体融合是报纸、杂志、广播、电视、网络、移动应用集合于多功能一体化的工作空间，实现内容的共生分包、聚合生产与网状经营的一种阶段性媒体产业模式。

媒体化社会
(Mediated Society)
媒体化社会是指生活场景、社会事件和社会关系都可以藉由媒体得以传播与发散的社会。

从文化的角度来看，媒体融合是媒体化社会的必然趋势，它推动社会主体的媒体化转型，使个人与媒体之间的物理屏障消失，社会主体自由游走在个体与媒体的身份切换中，享受着从未经历过的愉悦与沉重；媒体融合也使得专业媒体、自媒体以一种奇特而和谐的方式共存在当下的文化时空中，专业区隔与知识鸿沟既存在又消弭；媒体融合赋予了个体、社群、国家与世界近乎等同的文化叙事权力和传播渠道。在产业实践的跌宕起伏中，媒体融合被分为宏观融合与微观融合两大类型。

宏观融合聚焦组织、机制间的融合兼并，跨媒体平台型合作，媒体机构内部的人力资源调配，新工作方式的确立，是在产业运营与资源管理的视野下出现的媒体融合观。宏观融合分为以下三种：

其一，产业融合。

巨型跨媒体集团的出现，传统媒体行业内部的分化，新媒体产业矩阵的形成是媒体融合的产业化探索的第一步，以跨媒体产业分化、组织兼并与所有权融合为标志。

巨型跨国媒体集团的产业所有权融合，是媒体资本国际运作的结果，虽然并不能体现新媒体时代的新气象，但也从另一个角度验证了媒体融合大浪潮下的世界局势。默多克的新闻集团在英国拥有《泰晤士报》《星期日泰晤士报》《太阳报》等大报，在澳大利亚拥有统一传媒控股公司与《澳大利亚人报》《澳洲每日电讯报》，在美国拥有35家电视台。在拉美与亚太地区，新闻集团与众多当地电视台合作，通过卫星播送其丰富的节目。美国迪士尼媒体集团旗下的电影公司、剧院、周边产品线、广播、电视（如ABC、AE、ESPN电视网）以及迪士尼互动娱乐组成了一个庞大的融合型媒体帝国。

表5-1　2008—2018年间迪士尼集团的年度总收入（美金：百万）

年	院线	周边	互动	主题公园	跨媒体网络	总额
2008	7 348	2 415	719	11 504	15 857	37 843
2009	6 136	2 425	712	10 667	16 209	36 149
2010	6 701	2 678	761	10 761	17 162	38 063

续表

年	院线	周边	互动	主题公园	跨媒体网络	总额
2011	6 351	3 049	982	11 797	18 714	40 893
2012	5 825	3 252	845	12 920	19 436	42 278
2013	5 979	3 555	1 064	14 087	20 356	45 041
2014	7 278	3 985	1 299	15 099	21 152	48 813
2015	7 366	4 499	1 174	16 162	23 264	52 465
2016	9 441	5 528		16 974	23 689	55 632
2017	8 379	4 833		18 415	23 510	55 137
2018	9 987	4 651		20 296	24 500	59 434

以上数据参见迪士尼年度财报2008—2018年（THE WALT DISNEY COMPANY REPORTS FOURTH QUARTER AND FULL YEAR EARNINGS FOR FISCAL，2008—2018）。

图5-1 曾经位列新闻集团的子公司的媒体品牌，其中一部分已被新闻集团卖出

美国佛罗里达州坦帕市的媒介综合集团（Media General Company），美国俄亥俄州的新闻电讯集团（Dispatch Media Group），都将各自在同一地区所拥有的报纸、广播电台、电视台和网站进行了融合。

另一方面，传统媒体业开始进行产业化和所有权制的分化与融合。中国中央广播电视总台（China Media Group）由原中央电视台（中国国际电视台）、原中央人民广播电台、原中国国际广播电台合并组建。中国各省、市的广播电视总台集团的成立，地方县级融媒体中心的建设，都是跨媒体产业兼并与融合中出现的新现象。

其二，平台型融合。

平台型融合以平台、资源和内容共享为主要特点。传统媒体借助新媒体平台与应用进行内容发布，新媒体平台借传统媒体的优质内容扩充其自身传播影响力，它们组成一种契约式的媒体联合体，并在特定的条件下，形成相同、相似内容的矩阵式传播。联合体融合每每以项目制合作的形式完成，或以跨媒体运营的模式进行联合体融合的设计。中国媒体融合转型过程中出现的“两微一端”，就是联合体融合的典型案例。传统媒体通过与“微信”“微博”等社交媒体，以及“今日头条”“抖音”等移动应用的合作，将新闻资讯进行多平台传送。

其三，机构融合。

机构融合是媒体集团内部人力资源、部门调配与传播策略的应时性改革。在媒体融合浪潮下出现的“新媒体部”“融媒体中心”和“全媒体内容生产中心”等新机构，负责统筹协调媒体内容制作与分发。如人民日报社“中央厨房”的机构融合特点就极为明显。2016 年 10 月，人民日报社“中央厨房”启动“融媒体工作室”计划。第一个融媒体工作室——新地平线工作室成立。之后，依托“中央厨房”，人民日报社成立了近 50 个融媒体工作室，覆盖时政、财经、军事、国际、教育、健康等领域，37 个部门或单位的近 300 名编辑、记者参与其中，很多工作室形成了自身品牌效应，比如学习小组、侠客岛、麻辣财经、学习大国、一本正经、金台点兵等。在“跨部门、跨媒体、跨地域、跨专业”的组合模式下，“中央厨房”作为孵化器，给予融媒体工作室资金支持、技术支持、传播推广支持、运营支持和经营支持。

延伸阅读：人民日报社的“中央厨房”

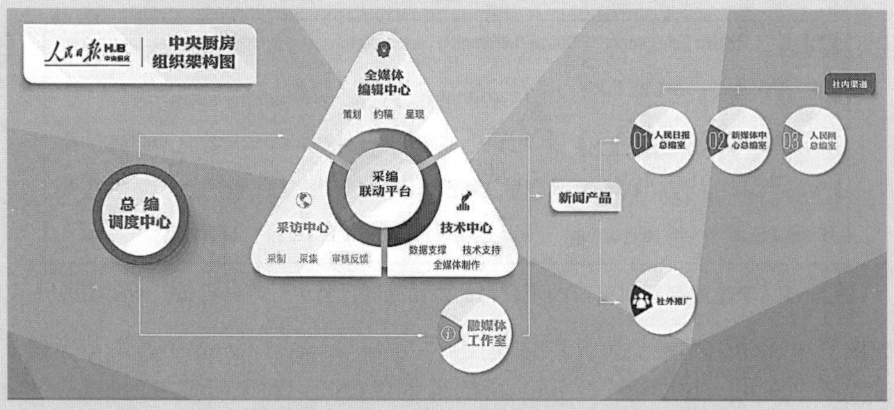

“中央厨房”正式名称是全媒体新闻平台。作为面向受众、面向国际、面向未来的新一代内容生产、传播和运营体系，“中央厨房”是人民日报社“策、采、编、发”的大脑和神经中枢，也是报社推进媒体融合发展的核心平台。

人民日报社“中央厨房”由空间平台、业务平台、技术平台组成。2014 年 10 月，人民日报社“中央厨房”项目正式立项，由人民日报媒体技术公司负责建设。2015 年 2 月，人民日报社“中央厨房”启动。2016 年 2 月 19 日，习近平总书记在人民日报社考察时，充分肯定了建设“中央厨房”大平台推进融合发展的路子。自 2017 年全国两会起，“中央厨房”机制全面运行，“中央厨房”设立总编调度中心，建立采编联动平台，统筹各方采访、编辑和技术力量，“报、网、端、微”一体联动，建立移动优先、PC 做全、纸媒做深、多次生成、多元传播的策采编发新流程。

在组织架构上，人民日报社“中央厨房”彻底打通和整合“报、网、端、微”的采访、编辑和技术力量，实现融合策划、融合采集、融合加工、融合传播。

总编调度中心是人民日报社“中央厨房”的指挥中枢，是“策、采、编、发”指挥网络的核心层，负责宣传任务统筹、重大选题策划、采访力量指挥。总编调度中心既包括线下的工作空间，也包括线上的软件平台。在线下，中心设立专门团队，全天运行。在线上，中心利用移动报道指挥平台等系统，与各采编团队保持在线联系，随时发布调度指令。

采编联动平台是人民日报社“中央厨房”的常设运行机构，由采访中心、编辑中心和技术中心组成，人员来自“报、网、端、微”各个部门，负责执行指令，进行全媒体新闻产品的生产加工。大家组成统一工作团队，听从总编调度中心的指挥，从事全媒体新闻产品的生产加工，所有产品都直接进入后台的新闻稿库。

在运行中，总编协调会是“中央厨房”日常运行的最高决策机构。总编辑组织召开协调会，部署重要宣传任务，讨论重大选题。“中央厨房”建立了采前会制度，每个工作日上午10点，采前会准时召开，统筹当天全社的报道策划，通报新闻线索，研究当日舆情，确定重点稿件，布置采编对接。

此外，“中央厨房”还建立了重大、突发事件应急报道机制，安排专人实时监控、随时调度，第一时间进行融合采集、加工、生产和传播。①

在微观层面，媒体融合具体表征为内容生产的技术融合、跨媒体叙事融合和文化融合这三个方面，突出呈现在新闻媒体的内容生产中。

其一，技术融合。

技术融合指的是新媒体技术、应用、设计软件及平台的掌控性融合，体现在全能型、技术型媒体人素质培养的新时代要求之中。通过对技术的掌控，寻找跨媒体、交互叙事在内容生产维度的可能性，是技术融合的根本。这是推动新闻传播人才培养模式跨学科发展的真正动力。采写编评是传统媒体对记者能力的诉求，但在媒体融合的工作环境中，采编与设计有趣地连接在一起，新闻与自媒体平台的操作相互关联。技术融合的工作场景是全能型媒体人的主战场。

其二，叙事融合。

叙事融合指的是在媒体融合的内容生产中，跨媒体叙事与交互叙事等新形态的出现，推动内容实现自我更新和越界融合。2017年澎湃新闻的H5新闻条漫作品《长幅互动连环画|天渠：遵义老村支书黄大发36年引水修渠记》，生动讲述了贵州省遵义市播州区（原遵义县）平正仡佬族乡原草王坝村党支部书记黄大发历经36载，凭着百折不挠的愚公移山精神，克服种种恶劣条件，带领群众绝壁凿天渠，解决当地缺水问题，走上脱贫致富道路的故事。在此条漫式的深度报道中，黄大发被绘制成木刻风格的漫画角色，可交互的360度全景照片、图集、音频、视频依次出现，呈现出叙事融合的典型特征。

其三，文化融合。

文化融合指的是媒体融合发展中新闻观、视听传播理论与新技术哲学的对话与相融，其在新闻真实与虚拟现实技术的对抗与场景融合等方面有所体现。2017年4月20日，央

① 人民日报“中央厨房”何以爆款频出？[J]. 网络传播杂志，2018（6）.

视网对我国第一艘货运飞船“天舟一号”发射进行了 VR 全景直播。此次直播是新闻也是虚拟，“天舟一号”的 VR 直播通过新型数字技术，彻底颠覆了重大新闻事件的直播采集、实时生产、传播与接收的方式，用户获得前所未有的观看视角、视听感受。我们发现文化融合推动新闻传播走向新的疆域。

第二节　媒体融合的全球发展

一、报纸转型的艰难之路

1995 年，是个人电脑问世的第 10 年。在这一年的 8 月，微软公司发布 Win95 系统，这是人类有史以来最成功的操作系统之一。该系统为每位 PC 电脑用户带来了更强大、更稳定、更实用的桌面图形用户界面，同时也结束了桌面操作系统之间的竞争。也就是在这一年，有着两百多年历史的英国老牌报纸《泰晤士报》出现严重的销量下降、读者流失的现象——这一情况在短短的数年里迅速蔓延，报纸成为传统媒体遭受新媒体冲击的第一批受害者。10 年之后的 2005 年，中国都市报研究会总编辑年会在南京召开。会上发布的《南京宣言》宣称：“积极创新报业主体业务与新兴业务共同发展的新模式。传统平面媒体应当与时俱进，加强合作，整合资源，形成合力，共同应对传媒数字化时代的到来。”

《南京宣言》还指出，新闻工作者应“坚决维护报纸的新闻知识产权。全国报界应当联合起来，积极运用法律武器，加强知识产权保护，维护自身合法利益，改变新闻产品被商业网站无偿或廉价使用的现状”。从《南京宣言》中，我们可以看出在当时，新兴的门户网站受限于自身内容生产的无力，只好将眼光转向传统报业——内容多、每日更新、专业严谨，于是门户网站的主编成为搬运工。

在之后的 10 年里，新媒体用户亲身经历了传统的报纸、杂志、广播、电视融合转型的艰难之路。互联网与移动通信的发展，推动着传统媒体全面向新媒体技术性取经，而新媒体也更为专业化地向传统媒体内容型借力。依托互联网技术，实现网络内容与报纸内容的互相融合，是传统纸媒融合转型的第一次尝试。

付费墙（Pay Walls）　付费墙是报纸媒体在线内容付费阅读的一种商业模式。

2000 年前后，新闻媒体纷纷开设自己的网站。为了保护内容的知识产权，《纽约时报》和《泰晤士报》等，在之后的数年里都设立了较为严苛的“付费墙”系统。英国《金融时报》早在 2002 年就首创计数制“付费墙”，即读者阅读该报网站文章在一定数量之内是免费的，超过这个限度才收费。在 21 世纪最初的 10 年，一些报纸开始效仿，尝试在线新闻收费制，但这些尝试基本都失败了。2010 年英国《泰晤士报》设立“付费墙”之后，几个星期之内网站读者减少了 90%。

英国《卫报》总编辑阿兰·拉斯布里杰认为，“付费墙”将会导致报业“从梦游滑向被人遗忘”。但“付费墙”模式也偶有成功的案例。2011 年 3 月美国《纽约时报》网站建立了计量收费的“软付费墙”，并针对不同的需要创新了多种付费模式，比如说读者通过 Facebook、Twitter 等社

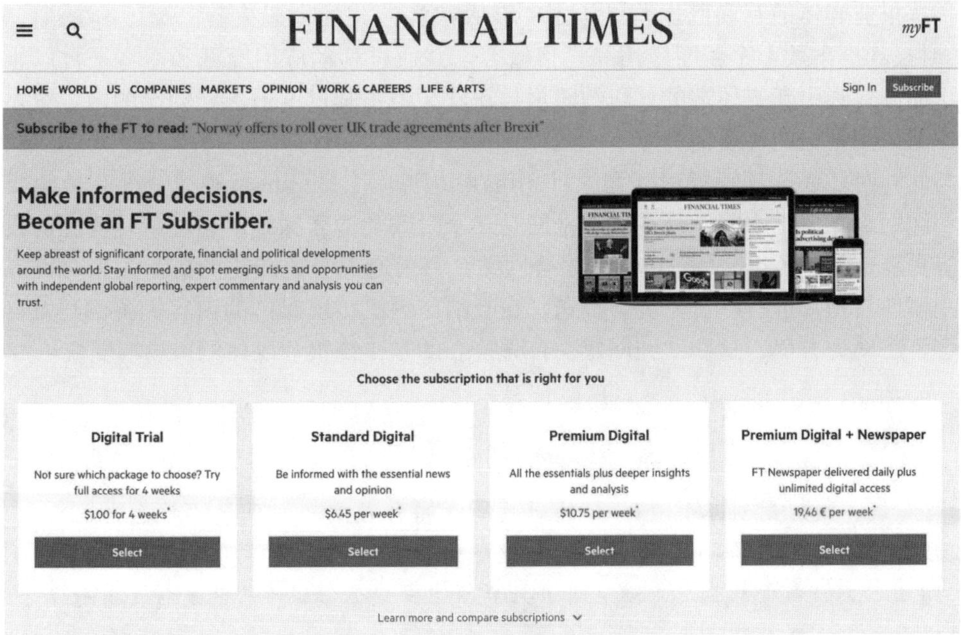

图 5-2 《金融时报》付费墙截图

交网站链接到《纽约时报》网站不收费，在一定限量内还可以通过搜索引擎免费链接到《纽约时报》网站。此外还有不少方法可以让读者相当容易地利用技术“漏洞”穿过其“付费墙”。研究显示，《纽约时报》网站设立“付费墙”前后相比，独立访客数不但没有减少，反而增加了2.3%。值得一提的是，英国《泰晤士报》虽然因实施“付费墙”计划而遭人诟病，但是该报“建墙”之后在经营上也出现了很大的改善。用心经营下的一些知名传统媒体网站，如今也显得有颜值有内涵。无论是《纽约时报》还是《卫报》，其网络版与移动版的内容都是独一无二的，远非纸质报纸可比。

图 5-3 2013 年 2 月 13 日美国《纽约时报》付费墙的网页截图

传统报业媒体的互联网运营经历了一波大浪淘沙式的大起大落。2010 年前后，美国《纽约时报》推出数十个新闻应用和栏目播客，并通过移动应用商城和博客平台以半收费半赠送的方式吸引新媒体端的《纽约时报》粉丝。由于其过度追求移动端的内容量，能给读者留下深刻记忆的优质播客寥寥无几。

与此同时，赫芬顿邮报网（The Huffington Post）、Buzzfeed 等完全没有传统媒体背景的“纯网媒”风生水起。赫芬顿邮报网是一个时政类博客网站，通过新闻博主的投稿实现内容更新；Buzzfeed 仅是一个新闻聚合网站，每天通过半智能化的机器人来对世界各地的博主稿件与图片进行栏目分类与推送。在吸纳与融汇传统媒体的内容资源、开发自媒体的内容生产动力方面，这些“纯网媒”首先抢夺的是传统报业媒体的市场与受众。

延伸阅读

赫芬顿邮报网是创办于 2005 年的时政类博客自媒体新闻平台，并迅速成长为日活量以数十万计的博客型 UGC 分发平台，被誉为博客自媒体取得的平台级成功。2018 年 1 月 18 日，赫芬顿邮报网宣布终止其开放的博客自媒体撰稿平台的运行，取而代之的是以编辑为主导的封闭型网站。

链接：https：//www. huffingtonpost. com.

图 5 - 4　2006 年与 2015 年 BuzzFeed 网站截图

延伸阅读

BuzzFeed 是创立于 2006 年的新闻聚合网站，创始人是乔纳 · 佩雷蒂（Jonah Peretti）。该网站聚合新闻博客的订阅源及信息链接，将其发送给用户，曾被称为美国在线新闻行业转向的领航者；2018 年之后，该网站因恶性竞争、商业模式失败、内容服务恶化等问题频发而逐渐走向衰退。

向传统互联网转移，努力经营网站，曾经是众多报业媒体抗击“纯网媒”的新媒体转型之梦。令人想不到的是，这个梦醒得太早。2010 年之后，移动互联网已是大势所趋，报业媒体发现自己站在了另一个深刻变革的路口。2015 年时，全美访问量最大的前 10 个“纯网媒”中有 9 个的移动端访问量都超过了电脑端。而报业媒体的移动端转化却乏善可陈。

2015 年 6 月 12 日，《纽约时报》的所有工作人员收到了一封电子邮件，该邮件指出，一个星期后，该报大楼里所有的电脑都将无法正常访问该报的网站，用电脑登陆网站首页能看到的只有一句话：请使用手机或平板电脑访问。这封由该报四名高管联名签署的邮件是《纽约时报》为了让其记者和编辑认识到移动端的重要性，鼓励记者和编辑在选题和写稿时优先以移动设备为出发点考虑问题所采取的一个举措。

移动优先，已成为当下传统的报业媒体进行融合转型的前线使命。

延伸阅读

2019 年 1 月 25 日，中共中央政治局第十二次集体学习就把“课堂”设在了媒体融合发展的第一线。习近平在主持学习时强调：“要坚持移动优先策略，让主流媒体借助移动传播，牢牢占据舆论引导、思想引领、文化传承、服务人民的传播制高点。”

二、 广电融合发展的探索

二战之后，美国电视运营商打出广告：电视是阖家欢乐的媒体。但今天的场景是什么呢？在地铁里，在客厅里，在青年旅店的大堂里，每个人手持一个小巧的个人电话，刷着微博、微信，翻阅视频网站上自己感兴趣的内容。电视从每个家庭的起居室和客厅穿越到地铁、公车、公园、路口等场景中。

电视正在经历着颠覆性的革命。这场革命虽然姗姗来迟，但对传统的电视人却是致命一击。被称为未来学家的尼葛洛庞帝在 20 世纪 80 年代就声称：理解未来电视的关键，是不再把电视当电视看待。有人将今天称为“跨屏电视时代”，有人将今天称为“视频时代”，也有学者悲伤地预言“电视的终结”。但无论如何，我们都能深切地感受到电视在媒体转型融合历程中所遇到的巨大压力。那这一切起源于什么呢？

有人说是视频分享，也有人说是社交应用的发力。也许是短视频秒拍美拍盛行于世，或者是网络直播改变了观众对视听媒体的文化期待——这些文化期待，恰恰是广电媒体无法提供的。

2005 年春天，YouTube 上线，2006 年优酷创建，视频网站出现在世人的眼前。2005 年 4 月 23 日，YouTube 上的第一个视频《我在动物园》被上传。该视频由当时 YouTube 的合伙创始人贾维德·卡里姆（Jawed Karim）出镜演出，整个过程历时 18 秒。该视频内容非常无聊，概括起来就是，Karim 对着镜头说：这些大象的鼻子真长，真酷哦。到 2006 年 7 月，每天有 6.7 万个新视频被上传到 YouTube，每天的视频点击率破亿。Google 迅速出手，宣布用16.5亿美元收购YouTube。10年间，YouTube高速成长，每个月的活跃用户数已经破10亿。每一分钟，就有长达300个小时的视频被上传；每个月，用户要花费60亿小时观看YouTube的视频。

延伸阅读

2008年10月6日，博比·约翰逊 Bobbie Johnson 在英国《卫报》发文《YouTube一代的崛起》。“YouTube一代”成为新媒体与社会学、青年研究中的一个崭新的概念。

链接：https://www.theguardian.com/technology/2008/oct/06/youtube.youngpeople.

图5-5 2005年YouTube网站截图

YouTube逐渐成为视频自媒体的狂欢乐园。传统广电的YouTube平台打造却显得过于迟缓。社交化、视频化的平台优势，使得传统媒体失去了先天之优与机动作战的能力，尤其是用户入口的转移，对传统媒体更是致命一击。唯有借船出海，才有一线生机。BBC的媒体转型之路，成功失败参半，但很值得借鉴与思考。BBC的短平快反应机制，在传统互联网时代就极为明显；iReport诞生于移动、视频、直播霸屏之前，BBC借UGC自媒体的概念，鼓励世界各地网民在iReport官方网页上对“新闻需求条目”进行当地化的拍摄，如“季节”“星空”“环境”“突发事件”等。所获得的素材，优质的则输送上电视新闻；一般的则上传iReport官网。短短数年内，其引起全球广电媒体的跟风。

延伸阅读

2006 年 8 月，BBC 收购 iReport. com 和 i-Report. com 两个网站，并将之打造成 BBC 专门的公民新闻服务网站，它们发布新闻话题，汇聚网友的新闻素材，鼓励网民进行新闻音视频及图片发布，一度引领了公民新闻风潮，但近年逐渐走向衰落。

在移动视频和移动社交的战场上，BBC 也不断尝试新技术和新方法来寻找广电媒体的破局之路。在社交平台，BBC 开通的社交账号和 YouTube 频道，每天制作上千条短讯和短视频推送给全球观众。BBC 短新闻是 15 秒的视频短新闻，其雏形是 Instagram 上的 # Instafax，依靠 BBC 短新闻视频作为最重要的信息媒介，全球订阅户超过 1 亿。BBC Go Figure 每日在 Twitter、Facebook 等社交媒体上分享可视化的数据报道和字幕，为后续新闻预热。BBC Minute 是以简明生动的“Newsbeat”（新闻报道摘要）风格面向全球观众、每半小时更新的 60 秒新闻快报。

三、 自媒体时代的融合变迁

如果说报纸尝试制作网站、建立多媒体部是传统媒体借力新媒体的努力，那视频分享与弹幕网站的出现，则是网络媒体借助用户的参与，褫夺传统媒体——尤其是电视——视听内容生产的精英化、专业化的力量。

UGC 的内容生产方式在报纸、电视的痛苦挣扎中铺天盖地来临，宣告了一个全新的自媒体时代的到来。

UGC 是英文 Users Generated Content 的缩写，代表的意思是“用户内容生成”。每一位网民、视频网站的每一位用户都可以参与内容的生产与传播——新媒体发动“群众”的力量是如此巨大。

美国少年雨果・科内利尔（Hugo Cornellier）在 YouTube 上的自我民族志式的自拍视频唤起了 UGC 形态的社会学思辨：自媒体内容生产的非专业性与专业性之间的模糊边界是如此难以界定，自拍的那喀索斯灵魂与人类影像记忆的坚持混搭在一起。雨果・科内利尔从 12 岁起，坚持每天一张卧室自拍。坚持 7 年之后，他把所有自拍照编辑成视频上传，轰动网络。

中国南航飞行员“燃烧的陀螺仪”利用闲暇时间拍摄短视频，以“幸福生活中的仪式感”为主题拍摄了一系列关于日常生活的视频，播放量高达 25 亿。虽然只是 UGC 视频爱好者，但其精湛的剪辑技术、独特的视频风格，使得平淡琐碎的 15 秒、30 秒、60 秒的日常生活产生出一种视觉仪式的意义。

在 UGC 视频、新闻、纪录影像创作的大潮中，专业人士加入进来，形成了 PGC 的潮流。PGC 是 Professional Generated Content 的缩写，代表了专业化网络视频创作的新趋势。荷兰电影人和艺术家弗兰斯．沃福米司特（Frans Hofmeester）历时 14 年创作完成的“孩子的成长”，以专业媒体人和自媒体混搭的模式，将自己的孩子文斯自出生后每周所拍

图 5－6　“燃烧的陀螺仪”的抖音页面信息；央视《春晚进行时》节目对其短视频素材的借用

摄的影像与视频集结编创成 4 分钟影像。这 14 年的成长与影像记忆，因为有了视频分享服务，才能在全世界得到传播。

自媒体以一种革命性的姿态将传统广电的内容生产模式、叙事理念融入自身的创作中。它们积极地向新闻生产进军，探索公民新闻的新道路；它们也尝试以日常生活的 Vlog 模式重写纪录影像的时代意义；它们以经验分享的模式探索知识传播与视频直播之间的关联。自媒体的融合变迁是自下而上、去中心化、非精英化的文化性融合，远超我们的想象，也远超传统媒体融合转型的勇气。

第三节　媒体融合的本土实践

一、马克思主义新闻观指导下的媒体融合

从“三网融合”“转型融合”“台网融合”到“全媒体”“县级融媒体”建设，中国本土的媒体融合在自我革新的阵痛与迷惘中逐渐探索着属于自己方向。在中国，媒体融合不仅是一项国家层面的新闻传播策略转型、体制机制转型举措，也是媒介产业与运营层面对中国新时代新闻传播理念进步、叙事创新的方向性反馈。

延伸阅读

“全媒体”是“Omnimedia”的直译词，由拉丁文前缀“Omni-”和“Media”所构成。美国出版商玛莎·斯图尔特（Martha Stewart）被认为是最早使用此概念的人。她于1997年整合旗下杂志、出版社、报纸专栏、电视节目、广播节目、网站等，创建了“玛莎·斯图尔特生活全媒体”。1999年，全媒体一词出现在中国新媒体研究学术词汇中。2019年1月25日，中共中央政治局在人民日报社就全媒体时代和媒体融合发展举行第十二次集体学习，习近平强调：“推动媒体融合发展、建设全媒体是我们面临的一项紧迫课题。”

马克思主义新闻观是马克思主义关于人类新闻传播活动规律的总看法。在新技术、新媒体疯狂袭来的时候，运用马克思主义新闻观指导媒体融合的实践方向与发展，意义重大。

首先，马克思主义新闻观指导下的媒体融合强调新媒体发展规律和中国特色新闻传播学的科学统一。要警惕新媒体技术决定论凌驾于新闻宣传的现实土壤与诉求之上，不能仅追求技术革命而盲目跟风；对新时代传播环境与媒体生态要客观评估、宏观布局、科学调控，探寻中国特色媒体融合的多种模式。

其次，马克思主义新闻观指导下的媒体融合要求审慎处理新媒体传播过程中的平台、内容与用户之间的关系。这也是媒体、宣传工作与人民群众之间的关系。切忌由“用户至上论”主宰一切，媒体融合是建设而非迎合，是服务而非跟风。平台与内容监管是媒体转型融合之路上最需要关注的方面。

最后，要警惕唯市场化、唯流量化的“内容为王”策略，“爆款”思维和“网红”迷思的过度跑偏。弘扬社会主义核心价值观，是媒体融合发展对内容生产要求的基本线。

延伸阅读：马克思主义新闻观的融合论

在新的形势下，读者在哪里，受众在哪里，宣传报道的触角就要伸向哪里，宣传思想工作的着力点和落脚点就要放在哪里。习近平总书记指出，推动传统媒体和新兴媒体融合发展，要遵循新闻传播规律和新兴媒体发展规律，强化互联网思维，坚持传统媒体和新兴媒体优势互补、一体发展，坚持以先进技术为支撑、内容建设为根本，推动传统媒体和新兴媒体在内容、渠道、平台、经营、管理等方面的深度融合。在党的新闻舆论工作座谈会上的讲话中，习近平总书记进一步指出，融合发展关键在融为一体、合而为一。随着形势发展，党的新闻舆论工作必须创新理念、内容、体裁、形式、方法、手段、业态、体制、机制，增强针对性和实效性。要适应分众化、差异化传播趋势，加快构建舆论引导新格局。要推动融合发展，主动借助新媒体传播优势。要抓住时机、把握节奏、讲究策略，从时度效着力，体现时度效要求。习近平总书记的这些重要论述，深刻揭示了互联网时代新闻信息传播的特征，准确把握了新时期新闻舆论工作的内在规律，是用辩证唯物主义和历史唯物主义看待和分析问题的成果，为党的新闻舆论工作进一步增强传播力、引导力、影响力、公信力，构建现代媒体传播格局指明了方向。

新闻舆论工作的传播力、引导力、影响力、公信力，来自新闻舆论宣传的质量。提升新闻舆论宣传的质量，必须真正做到贴近实际、贴近生活、贴近群众。要紧密结合实际，深入研究、准确把握新形势下干部群众的思想实际和接受信息的特点，在新闻舆论宣传的内容、形式、手段等方面进行改进和创新，真正把体现党的意志与反映群众的心声统一起来，把我们要说的与群众想听的统一起来，把丰富的内容和有效的形式统一起来。把对理论政策的宣传与社会公众在理解、情感等方面的需求结合起来，避免生涩难懂或空洞说教。只有深入研究新闻舆论传播规律，提高新闻舆论宣传质量，不断改进和创新新闻舆论工作，才能在全媒体语境下将我们党在探索新时代中国特色社会主义道路上形成的话语表达阐释好。①

二、 全媒体产业链、传播链的宏观布局

我国的媒体转型融合，呈现出全媒体产业链、传播链的宏观布局。

体制机制上，新一轮国务院机构改革中全新组建的国家广播电视总局新设媒体融合发展司。主管部门继续推动传统媒体的体制机制改革，为各级媒体的融合指引路径与方向。

产品内容上，第28届中国新闻奖评选首设“媒体融合”奖。主流媒体通过建立传播矩阵扩大了主流价值影响力版图，经监测的报纸、广播、电视传播矩阵覆盖率均高于九成。

平台打造上，全媒体融合由产品、渠道的样貌形态融合，发展为平台化、生态体系的基因融合。中央电视台（中国国际电视台）、中央人民广播电台、中国国际广播电台三台合一为中央广播电视总台。甘肃新媒体集团、湖北省鄂州市融媒体中心、浙江江山传媒集团等省市县级新一批全媒体平台成立。《人民日报》客户端成立“人民号”全国移动新媒体聚合平台，全国党媒信息公共平台入驻媒体超260家。“新闻＋政务＋服务”的全媒体大平台助力智慧城市打造。

智媒技术上，5G、人工智能等新技术重塑新闻生产链条。基于大数据、算法的交互报道和推荐提升了传播效率和用户黏性。智能化、移动化、社交化、场景化成为全媒体传播新生态。资源集约、结构合理、差异发展、协同高效的全媒体传播体系正在演进。

延伸阅读

习近平指出，全媒体不断发展，出现了全程媒体、全息媒体、全员媒体、全效媒体，信息无处不在、无所不及、无人不用，导致舆论生态、媒体格局、传播方式发生深刻变化，新闻舆论工作面临新的挑战。②

① 参见张华志．马克思主义新闻观的丰富和发展［N］．学习时报，2017-10-30.

② 参见习近平．加快推动媒体融合发展，构建全媒体传播格局［J］．求是，2019（6）．

延伸阅读

全媒体的概念可以归纳为：在信息传播中，通过融合采用文图、声音、视频、动画等多种媒体表现手段，综合利用报刊、广播、电视、网络等多种媒介形态，针对不同类别、不同时间、不同地点、不同终端的受众的不同需求，通过纸质媒介、广电网络、电视网络、互联网络、电信网络、户外媒体等多种渠道与平台进行全方位、多层次融合传播的一种新的信息生产、传播与消费形态。

但全媒体的内涵不是静止不变的。当今世界，信息技术、通信技术和互联网技术飞速发展，新一轮科技革命带来传播格局深刻变革。云计算、大数据、物联网、区块链、人工智能等改变了传统的信息生产方式，VR、AR、MR、可穿戴设备等丰富着媒体表现手段，微博、微信、客户端、短视频等网络媒体不断迭代更新，移动应用、社交媒体、问答社区、网络直播等新应用新业态不断涌现，跨时空、大容量、开放性、交互性、移动化等传播特点，不断塑造新的受众需求。随着5G技术的成熟与大规模应用，还将产生许多意想不到的信息生产方式、媒体表现手段、媒介传播形态和新的受众媒体体验等。这种种变化，决定了全媒体内涵的开放性，对全媒体概念的定义，应是一个与时俱进、不断丰富的过程。

……

“全程媒体、全息媒体、全员媒体、全效媒体”的提出，是对以往全媒体定义的进一步明确与阐发，分别从信息生产发布、内容表现形式、主体多元互动、传播效能提升等不同维度，大大深化了我们对全媒体内涵的理解，从更高层次上提升了我们对建设全媒体以及推动媒体融合发展的方向与动力等的认识。

……

在全媒体这一框架下，全程媒体、全息媒体、全员媒体、全效媒体是一个相互影响、有机相融的整体，是全媒体在信息生产与发布传播的时空维度、形态维度、主体维度、效能维度的体现，四者之者的相互作用，使信息无处不在、无所不及，导致舆论生态、媒体格局、传播方式发生深刻变化，对主流媒体推动深度融合发展提出了新的重大课题。①

媒体融合推动形成新型全媒体形态的主流媒体矩阵。2018年，中共中央印发了《深化党和国家机构改革方案》，方案不仅提到要“在国家新闻出版广电总局广播电视管理职责的基础上组建国家广播电视总局，作为国务院直属机构”，还提出“整合中央电视台（中国国际电视台）、中央人民广播电台、中国国际广播电台，组建中央广播电视总台，作为国务院直属事业单位，由中央宣传部领导”。在国家广播电视总局职能配置、内设机构和人员编制规定中，新增媒体融合发展司。从其职能描述上看，广播电视体制

① 参见崔士鑫．建设“全媒体”，推动媒体融合向纵深发展［J］．传媒，2019（3）．

机制改革、三网融合与新媒体新技术新业态创新融合发展，都将成为接下来媒体融合领域的重心。组建中央广播电视总台的改革方案指出，中央广播电视总台成立的目的是加强党对重要舆论阵地的集中建设和管理，增强广播电视媒体的整体实力和竞争力，推动广播电视媒体、新兴媒体融合发展，加快国际传播能力建设。其职能描述中也着重写明了“推动多媒体融合发展”。国家广播电视总局和中央广播电视总台的组建，拉开了广播电视媒体融合新篇章；加快媒体整合优化步伐、构建全媒体传播格局的信号不断释放。

随着媒体融合的顶层设计和一体化发展向纵深推进，由中央到区县的一体化传播体系搭建完成，自上而下的新型主流媒体打造由播种期迈向耕耘期，实现了全方位的立体融合质变；以新型主流媒体为中流砥柱的现代化传播体系建成；融为一体、合而为一的全媒体传播格局构建完成。

三、 主流媒体、 商业媒体与自媒体的融合共创

在中国，无论是主流媒体还是商业媒体，都是屡经大浪淘沙，媒体转型道路坎坷，跋涉多年，形成了有起有落、多轨并进、生态活跃的特色。

国家层面，主流媒体转型融合强力突进，积极占据新闻舆论阵地的新媒体技术前沿，产业链布局初露端倪。人民日报社“中央厨房”模式的全国推广，省市级跨媒体集团以融媒体联合体的形态出现，县级融媒体中心的积极发力，形成了一种网状互动的转型融合态势。

与此同时，主流媒体的融合发展也在积极寻找跨界发展的新路，探寻智慧城市理念中的智慧媒体平台的建设，以满足未来传播环境中新闻信息、移动政务、电子服务等全国联动式的多元链接，从而服务用户。《“十三五”国家信息化规划》明确了新型智慧城市建设的行动目标：以无处不在的惠民服务、透明高效的在线政府、融合创新的信息经济、精准精细的城市治理、安全可靠的运行体系增强主流媒体移动服务与智能服务的灵活性与机动性，保证云计算、政务、交通、医疗、教育、环保等垂直功能的有效触及。湖北广电长江云集团采用新闻/政务/服务的智能移动模式，聚合省内优势资源，打开用户市场；《宁波日报》则通过新闻/服务/福利的运营理念，打造惠民移动“甬派”；苏州广播电视总台通过升级“无线苏州”客户端，打造新闻生活类城市应用；嘉兴市广播电视集团推出新闻资讯/社交娱乐/生活服务的“禾点点”移动服务；贵州广电传媒集团开通“互联网+智慧交通云平台”助力智慧城市建设。

市场层面，商业新媒体内容、模式的转型融合也在应时而变，探寻适合中国市场和用户的新市场规律和内容生产导向，推动媒体转型从形态融合向文化融合和知识融合发展。

腾讯游戏推出以实现社会价值为核心的“追梦计划”，其中包括数字文化传承计划、国际科技教育计划、公益社会关爱计划这三大计划。该计划凭借多款产品和项目多维发力，为多元人群开启筑梦之旅。如其立足数字文化传承计划制作了三款功能游戏《佳期：踏春》《子曰诗云》《故宫：口袋宫匠》。《佳期：踏春》以中华民族传统节日为主题，打破

代际鸿沟，为国人开启一扇属于中华民族的共同文化记忆之门。《子曰诗云》以经典唐诗宋词为主题，特邀复旦大学中文系教授骆玉明进行解读指导、中央美术学院团队参与配图，力图重现古诗词的禅意与美学。《故宫：口袋宫匠》则是腾讯游戏联合故宫博物院推出的故宫主题游戏：在故宫的真实场景中，玩家可以用材料自行“搭建”出养心殿、慈宁宫等知名宫殿，并在游戏互动中自然地掌握古代宫殿建筑相关知识。百度、快手与人民日报社联合推出开放式媒体技术创新平台——“人民日报创作大脑”，运用人工智能等技术，为媒体机构和内容创作者提供通用型创作工具，提升内容生产和分发效率。Bilibili与《人民日报》全国党媒信息公共平台联合发起媒体融合公益基金，以激发优质内容的生产力和创造力，推出更多符合年轻人喜好的优质内容。

图 5-7　《佳期：踏春》的游戏界面截图

图 5-8　《故宫：口袋宫匠》的游戏截图

用户层面，更准确地说，新生代自媒体——创用者层面，也积极融入了媒体转型融合的大潮之中。内容产业链不断延伸与放大，参与者的年龄、阶层、地域、民族不断多元，参与人群愈加多样。

在内容生产主体优胜劣汰、多元发展的过程中，自媒体产业布局和内容发布平台越来越明细，内容流向的主要消费人群也愈加垂直。自媒体运营的专业化、程序化、规范化，催生了MCN机构的兴起。截至2019年4月，中国出现了4 000多家MCN机构。MCN机构通过垂直领域的信息服务、资讯供给与娱乐消费，在专属趣缘领域聚集用户；通过垂直性的内容运用和情感互动，增加用户的关系黏性，建立消费型的情感归属和知识型的信任关系。MCN机构的资讯运营所开展的企业合作商业模式也较为成功：其通过小成本、自媒体化的内容服务，有效帮助企业进行品牌运营，提升企业识别度，增强企业品牌的用户黏性。

延伸阅读：政务媒体是中国媒体转型融合的镜子

政务媒体是中国主流媒体、商业媒体和自媒体运营三者融合的独特产物，它的发展与探索是中国媒体转型融合征程的一面镜子。

在社交媒体兴起年代，政务媒体迎来了一波“出生潮”，然而许多政务媒体是“任务式”产物，有名无实，目前呈现出“僵尸”“睡眠”的状态。还有一部分政务媒体运营维护不规范，发布内容与身份不符，功能定位不清晰，经常出现不合时宜、不合身份的信息，还存在发布错误信息等问题。部分政务媒体运营简单粗暴，在互动传播时代仍然坚持单向传播思维，缺乏互动意识和服务意识，不仅没有为政务机构形象加分，反而造成了负面影响。

要转变思维，让政务媒体不只是摆设，而真正运营起来。要积极发挥政务媒体的作用。政务媒体作为政务机构的窗口，要发布权威信息，解决人民困难，塑造政务机构积极形象。新媒体产品的发展为政务媒体带来更多传播可能性和传播触点的同时，也为政务媒体带来了巨大的挑战。

除传统的微博、微信外，短视频成为政务媒体的全新形式。2019年8月31日，抖音短视频举办了政务媒体抖音号大会，联合自然资源部、国家卫生健康委员会、国资委等11家政府、媒体机构，发布了政务媒体抖音号成长计划，帮助政府、媒体和有专业短视频生产能力的机构，提升政府媒体在抖音上的内容生产能力。“北京SWAT”“四平警事”等政务媒体抖音号已经成为爆款。这些政务媒体以符合观众口味的形式，传递政务信息内容，弘扬正向价值观。在抖音平台当中，旅游类、公安类、地方发布类、文化类政务机构账号数量较多。①

媒体融合是中国新媒体发展史上特征最鲜明的一笔。

宏观层面，其呈现出自上而下、由中央到地方延伸的特点，经历了央媒试水的萌芽期、省媒探索的发展期、从“相加”到“相融”的一体化实验。

中观层面，其凸显了商业媒体向主流媒体积极融入，承载文化责任与社会责任，探寻新媒体素养教育与自我提升的新市场逻辑。

---

① 中国记协新媒体专业委员会．中国新媒体研究报告2019［R］．北京：人民日报出版社，2019.

微观层面，其表征为媒体从业者新媒体化、全媒体化的自我转型，互联网思维自我摸索的日常经验与一线实践。

中国的媒体融合，走出了一条属于中国的道路。

第四节　传播学批判视域中的媒体融合

一、传播主客体的融合

媒体融合是经验，是过程，是产业模式的描述与运营理念的思索，更是对传播学理论的实践反馈。从传播学的批判视域来思考媒体融合，不仅有助于推动新媒体传播研究向纵深发展，也能帮助我们在学习和分析媒体融合时保持清醒与冷静，而不被业界的繁华景象迷惑。

媒体融合虽然仅是一种过程性、概念化的产业样态描述，但其实践经验却对传播理论的当下更新与时代关照提出了质疑，带来了冲击。

首先，媒体融合过程中出现了大众传播与人际传播的壁垒消融与语境融合。两种相异的传播理论与传播视域因计算机、网络、算法的中介而形成了丰富的语义空间。

在社交媒体的环境中，计算机中介传播模式催生的私聊，与朋友圈催生的熟人自媒体，以及公共账号所呈现的公共媒体与自媒体的混乱战场纠缠在一起。在此情境下，人机交互与人际交互的融合，公共空间与个人空间的融合相继发生。

其次，媒体融合所催生的丰富产业链和UGC文化潮流，直接导致了传者—受众二元概念组的最终破裂。每个人都是用户，每个人也都是媒体，传播主体与传播客体呈现出自我混沌难以区分的状态；专业场域与自媒体场域产生融合与交融。

二、传播时空观的破坏与重组

媒体融合带来了媒体一体化的理想模式，改变了不同时空关系中的媒体消费行为，也改变了传统的传播时空观——这一点在广播电视的传播过程中尤为明显。

广播与电视的物理特性对其传播环境与内容消费的时空限定是极为明显的。线性的、自上而下宣告式的节目播放时间决定一切。受众必须谨遵其令，在特定时间特定空间，比如观看电视的空间，来安放自己的接受行为。传播行为中的“人—空间—机器—时间—信号”的五度绑定形态，是标识其传播时空观的重要元素，缺一不可。

但媒体融合却完全破坏了曾经不可一世的节目播出流程与被动的观看行为。如果说纸张和遥控器是传统报业与广电媒体的技术原罪的话，那传播时空观的僵化与固着是将传统媒体推向深渊的决定性力量。在媒体融合的环境中，那曾经支撑了无数传播学批判学者的研究，如电视与文化仪式、电视与日常生活、午后的电视与女性观众等研究或许都不再存在；传播的线性、单向、双向模式或许都要经历一番重写。

三、传播场域的融合

传播场域的理论性与现实性是一体的。它不仅指涉人类所生存的空间、活动的场景、传播的情境，也勾勒出人类在其与媒介的符号交互中所创造出的意义空间与象征空间。媒介化社会的意义生成与传播过程就在这两个维度共同展开。

传播场域的融合首先是政治、经济和意识形态场域的交融与对话。

2014年发布的《关于推动传统媒体和新兴媒体融合发展的指导意见》将媒体融合上升到了国家信息服务的战略高度。信息是现代国家的重要战略支柱之一，在信息、外交、军事和经济四大战略支柱（合称DIME）中独树一帜。媒体融合不仅仅是面向大众的资讯服务与娱乐消费的跨平台运营，更是对深度开发信息的战略价值的宏观思考。在现代信息的新概念与新理论中，美国学者开发出"软实力""巧实力""公共外交""战略传播""影响力行动"、COIN（反颠覆、反破坏、反骚乱）等新词汇，以应对媒体融合所带来的资讯爆炸与万物互联的新局面。这些新概念和新理论貌似与媒体融合相隔甚远，实则与媒体融合在操作和应用层面有着千丝万缕的联系。

传播场域的融合也表征为主流话语场与亚文化话语场的互文性共存。

曾经格格不入、相看两生厌的两个话语场在技术的震荡中相互对话，学习，模仿与成长。媒体融合所带来的文化融合推动着两大文化场域在新媒体环境中美好共存。复兴路上工作室创作的《十三五之歌》、新华社历史文献微纪录《红色气质》、国务院客户端绘制的《水墨丹青画出总理报告里的2019》都是主流话语场中的动漫展演。《十三五之歌》通过拼贴动漫以英文版校园民谣的曲风讲解中国"十三五"规划；《红色气质》在中国共产党成立95周年之际上线，运用三维特效使战争硝烟中的情景再现；《水墨丹青画出总理报告里的2019》是中国水墨动画、国风音乐与政府工作报告的奇妙混搭。这些作品在宣扬主流价值理念和意识形态的同时，也为严肃板正的主流话语场增添了灵动、年轻的亚文化色彩。而腾讯游戏的双人情境模拟小游戏《家的故事——庆祝新中国成立70周年》却是亚文化场域中的主流之声，其以新中国成立70年来不同历史阶段为背景，为玩家打造了7个不同职业家庭奋斗的故事。在文字答题的玩法中，玩家可以体验到大山深处的人民公社党委书记"誓把山河换新颜"的决心，也可以体验到国有建筑企业的总经理和总工程师，顺应改革开放的大潮，南下写就"深圳速度起云楼"的神话……通过扮演不同年代奋斗者，玩家能从人物角色的一次次选择中了解新中国建设与发展的艰辛历程和光明前景。

本章小结

一、媒体融合是新媒体环境下信息和通信技术、计算机网络和媒体内容相融互联的一种现象级的文化表现。它的出现推动了媒体内容在生产、发行、传播、反馈等过程中的全面数字化和网络化。

二、在中国，媒体融合不仅是一项国家层面的新闻传播策略转型、体制机制转型举措，也是媒介产业与运营层面对中国新时代新闻传播理念进步、叙事创新的方向性反馈。

三、媒体融合是中国新媒体发展史上特征最鲜明的一笔。宏观层面，其呈现出自上而下、由中央到地方延伸的特点，经历了央媒试水的萌芽期、省媒探索的发展期、从"相加"到"相融"的一体化实验。中观层面，其凸显了商业媒体向主流媒体积极融入，承载文化责任与社会责任，探寻新媒体素养教育与自我提升的新市场逻辑。微观层面，其表征为媒体从业者新媒体化、全媒体化的自我转型，互联网思维自我摸索的日常经验与一线实践。中国的媒体融合，走出了一条属于中国的道路。

思考与研讨题

1. 谈谈你对“媒体融合”的概念与类型的理解。
2. 请谈谈你对中国“媒体融合”发展与特点的理解。
3. 从传播学的批判视野出发，你怎么看“媒体融合”？

图书在版编目（CIP）数据

新媒体传播导论/吴炜华著．--北京：中国传媒大学出版社，2021.4
新闻学与传播学十四五规划教材．案例型系列教材
ISBN 978-7-5657-2921-8

Ⅰ.①新… Ⅱ.①吴… Ⅲ.①传播媒介-高等学校-教材 Ⅳ.①G206.2

中国版本图书馆CIP数据核字（2021）第062896号

新闻学与传播学十四五规划教材·案例型系列教材
新媒体传播导论
XINMEITI CHUANBO DAOLUN

著　　者 吴炜华
策划编辑 曾婧娴
责任编辑 曾婧娴
封面设计 拓美设计
责任印刷 李志鹏

出版发行 中国传媒大学出版社
社　　址 北京市朝阳区定福庄东街1号　　**邮　　编** 100024
电　　话 86-10-65450532 65450528　　**传　　真** 65779405
网　　址 http://cucp.cuc.edu.cn
经　　销 全国新华书店

印　　刷 北京中科印刷有限公司
开　　本 787mm×1092mm　1/16
印　　张 9.25
字　　数 203千字
版　　次 2021年4月第1版
印　　次 2021年4月第1次印刷

书　　号 ISBN 978-7-5657-2921-8/G·2921　　**定　　价** 38.00元

本社法律顾问：北京李伟斌律师事务所　郭建平